铁路职工培训系列教材

铁路安全心理与风险控制

《铁路安全心理与风险控制》编委会　编

西南交通大学出版社
·成都·

图书在版编目（CIP）数据

铁路安全心理与风险控制/《铁路安全心理与风险控制》编委会编. —成都：西南交通大学出版社，2014.8（2016.8重印）

铁路职工培训系列教材

ISBN 978-7-5643-3228-0

Ⅰ. ①铁… Ⅱ. ①铁… Ⅲ. ①铁路运输－交通运输安全－安全心理学－职工培训－教材②铁路运输－交通运输安全－风险管理－职工培训－教材 Ⅳ. ①U298

中国版本图书馆 CIP 数据核字（2014）第 172396 号

铁路职工培训系列教材

铁路安全心理与风险控制

《铁路安全心理与风险控制》编委会 编

责 任 编 辑	孟苏成
封 面 设 计	墨创文化
出 版 发 行	西南交通大学出版社 （四川省成都市二环路北一段 111 号 西南交通大学创新大厦 21 楼）
发 行 部 电 话	028-87600564　028-87600533
邮 政 编 码	610031
网　　　　址	http://www.xnjdcbs.com
印　　　　刷	成都蓉军广告印务有限责任公司
成 品 尺 寸	148 mm×210 mm
印　　　　张	6
字　　　　数	144 千字
版　　　　次	2014 年 8 月第 1 版
印　　　　次	2016 年 8 月第 2 次
书　　　　号	ISBN 978-7-5643-3228-0
定　　　　价	30.00 元

编委会名单

 **PREFACE**

随着我国既有线铁路大面积提速，高速铁路的不断投入运营以及铁路重载运输的大力发展，铁路安全压力越来越大，面临风险的种类、水平与以往相比都发生了很大变化，影响安全的因素也呈多元化态势，无论是设备、环境、管理等因素还是人为因素都不可忽视。其中人为因素是首要因素。本书从安全心理学角度入手，抓住人的心理因素，结合风险管理的基础知识，重点介绍了心理过程与安全，易致人失误的生理、心理因素，作业行为与安全，主客观因素与安全，安全心理教育以及风险管理基础知识，风险控制技术，铁路风险管理等内容。目的在于使读者对安全心理基础知识及在铁路安全中的影响有初步的了解，有意识地在日常工作中考虑这一因素，同时结合风险管理的基本理念及方法，更好地做好铁路安全工作。本书可作为企业培训师资教学培训用书，也可作为相关从业人员的自学参考用书。

本书编写中突出做到理论知识简单易懂、科学实用，同时强调理论与实践相结合，引入案例教学，体现职业培训特色。

本书由郑州铁路局教材编审委员会组织编写，洛阳职工培训基地相关技术业务骨干直接参与了编写和审稿工作，同时得到了相关站段职教科的帮助，在此一并表示感谢。

编　者

2014 年 5 月

目录 CONTENTS

第一章　心理过程与安全

第一节　什么是安全心理学

安全心理学是一门交叉学科，是心理科学以及安全科学的一个分支。要了解什么是安全心理学，首先应当对心理学、安全科学及其相关分支学科有一定的了解。

一、心理学的研究内容以及基础研究领域和应用领域

心理学是研究人的心理现象及其规律的科学，现代心理学是一个学科体系，它由众多的心理学分支组成。我们把这些分支大致分为两大领域：基础研究领域和应用领域。

（一）基本研究内容

心理学是研究人的心理现象及其发生、规律的科学。心理现象是心理学的研究对象。心理学研究心理现象，就是要解释心理现象发生、发展的客观规律，用以指导人们的实践活动。

1．个体心理

个体心理是指个别主体即具体的个人心理。个体心理，一般分为心理过程和个性心理两大类。

心理过程是指人的心理活动发生、发展的过程，即客观事物作用于人（主要是人脑），在一定的时间内大脑反映客观现实的过程，包括认知过程、情绪和情感过程、意志过程。三者合在一起简称为"知情意"，是相互联系、相互促进的统一体。

个性心理是显示人们个别差异的一类心理现象。由于每个人的先天因素不同，生活条件不同，所受教育不同，从事的实践活动不同，因此，这些心理过程在每一个人身上产生时又总是带有个性特征，这样就形成了每个人的兴趣、能力、气质、性格的不同。

心理现象的各个方面并不是孤立的，而是彼此互相联系的。没有心理过程，个性心理特征就不会形成。同时，已经形成的个性心理特征又制约着心理过程，在心理过程中表现出来。二者是同一现象的两个方面，我们要深入了解人的心理现象就必须同时了解人的心理过程和个性特征，并加以研究。

2. 群体心理

群体心理主要是心理学中的一个重要的分支学科即社会心理学的研究对象。

群体心理分为小群体心理和大众心理。人不是孤立的存在，人需要作为社会的一员发挥作用。作为社会的人，彼此之间必然要发生一定的关系，进行社会交往，从而产生交往心理。交往心理既存在于个人与他人之间，也存在于群体之间，群体心理包括三大类型：交往心理、小群体心理、大众心理。

（二）基础研究领域

基础研究领域主要研究心理发生发展的基本规律，包括普通心理学、发展心理学、实验心理学、生理心理学、社会心理学、比较心理学、变态心理学等。

（三）应用领域

只要有人的活动，就会有心理学的应用。心理学的应用分支主要有教育心理学、管理心理学、医学心理学、工业心理学、安全心理学、商业心理学、军事心理学、司法心理学、运动心理学等。

二、安全科学的学科体系

20 世纪 80 年代以来，经过几十年的发展，以安全技术为主的安全科学已经发展成为系统的科学理论。时代的发展，科学技术的进步，人类生活水平的提高，无不对安全生产工作提出了更高的要求和标准。1985 年安全科学在我国学术界被提出，1992 年国家标准《学科分类与代码》（GB/T 13745—1992）中将"安全科学技术"正式确定为一级学科。有关灾害理论、安全理论、安全工程、卫生工程、安全管理工程、安全心理学的 32 个分支学科组成了这个一级学科，安全心理学是安全科学的分支之一。

三、什么是安全心理学（safety psychology）

安全心理学是从安全的角度，即如何保证人的劳动过程中的安全，防止事故发生，消除不安全心理因素等出发来研究人的心理活动规律的。从这样的特定角度出发，就形成了安全心理学。所以，概括地说，安全心理学就是以生产劳动中的人为对象，从保证生产安全、防止事故、减少人身伤害的角度研究人的心理活动规律的一门科学。

四、安全心理学的研究内容与研究领域

1．研究内容

安全心理学是研究生产经营活动中各类事故发生的心理规律并

为防止事故发生提供科学依据的学科。其主要研究内容有：

（1）各类事故的人为因素的分析，如疲劳、情绪波动、注意力分散、判断错误、人事关系等对事故发生的影响。

（2）工伤事故肇事者的特性研究，如智力、年龄、性别、工作经验、情绪状态、个性、身体条件等与事故发生率的关系。

（3）防止各类事故的心理学对策，如从业人员的选拔（即职业适宜性检查），机器的设计要符合工程心理学要求，开展安全教育和安全宣传，以及培养安全观念和安全意识等。

通过对事故规律的研究，人们已认识到生产事故发生的重要原因之一是人的不安全心理和行为。因此，研究人的安全心理规律，以激励安全行为，避免和克服不安全行为，对于预防安全事故有重要作用和积极的意义。由于人的心理千差万别，影响人的行为安全因素也多种多样：同一个人在不同的条件下有不同的安全行为表现，不同的人在同一条件下也会有各种不同的安全行为表现。安全心理学的研究，就是要从复杂纷纭的现象中揭示人的安全行为规律，以便有效地预测和控制人的不安全行为，使作业者能按照规定的生产和操作要求活动、工作，符合生产的需要，以实现激励安全行为、防止行为失误和抑制不安全行为的目的。

2. 研究与应用领域

安全心理学的目的是要达到控制人的失误，同时要激励人的安全行为。后者更符合现代安全管理的要求。心理科学对安全问题的研究涉及如下领域：

（1）人的安全心理规律的分析和认识。认识人的个体自然生理行为模式和社会心理行为模式；分析影响人的安全行为的心理因素，如情绪、气质、性格、态度、能力等。

（2）安全需要对安全行为的作用。需要是一切行为的来源，安全需要是人类安全活动的基础动力。因此，从安全需要入手，在认识人类安全需要的基本前提下，应用需要的动力性来控制和调整人的安全行为。

（3）劳动过程中安全意识的规律。安全意识是良好安全行为的前提条件，是作用人的心理行为要素之一。这部分内容研究劳动过程的感觉、知觉、记忆、思维、情感、情绪等对人的安全意识的作用和影响规律，从而达到强化安全意识的目的。

（4）个体差异与安全行为。主要分析和认识个性差异和职务（职业、职位）差异对安全行为的影响，通过协调、适应、调控等方式，控制、消除个性差异和职务差异对安全行为的不良影响，促进其良好作用。

（5）导致事故的心理因素分析。人的心理状态与行为有着密切的关系。探讨事故形成和发生的过程中，导致人失误的心理过程和影响作用规律，对于控制和防止失误有着重要的意义。该部分主要探讨人的心理因素与事故的关系、致因的机理、作用的方式和测定的技术等。

（6）挫折、态度、群体与安全行为。研究挫折特殊心理条件下人的安全行为规律；态度心理特征对安全行为的影响；群体行为与领导行为在安全管理中的作用和应用。

（7）注意在安全中的作用。探讨人的注意力的规律，即注意的分类、功能、表现形式、属性，以及在生产操作、安全教育、安全监督中的应用。

（8）安全行为的激励。应用心理科学的激励理论，来激励工人个体、企业群体和生产领导的安全行为。

（9）心理手段的应用。即总结、发现，把心理科学用于事故分析、安全管理、班组建设、工种安排与协调、安全教育、安全宣传、安全技术人员和职工素质提高等方面。

第二节　认知心理与安全

一、认知心理概述

所谓认知心理，是人在认识活动中所体现出来的心理现象或心理活动。

认知心理的具体表现形式是多种多样的。心理学的研究表明，人的认识过程是由一连串相互联系、相互影响的阶段或环节构成的，其中包括感觉、知觉、记忆、思维、想象等。其中感觉是人对直接作用于本身的感觉器官的事物的个别属性（如颜色、形状、硬度等）的反映过程。它是使外界事物的刺激进入人脑的中介和桥梁，是把人同外界事物联系起来的纽带。知觉是对直接作用于感觉器官的事物的整体的反映过程，体现为感觉的综合。记忆是人对以往曾经接触过的对象和现象的复现过程，是使人能够积累经验、丰富头脑表象储备的心理保证。思维和想象是人对进入人脑的各种信息、知识、表象进行概括、提炼、加工、改造的过程，是认知心理的关键环节和步骤。

二、感觉、知觉与安全

1. 感觉与知觉的含义

感觉是人脑对客观事物个别属性的反映。事物的个别属性即指客观事物最简单的物理属性（颜色、形状、大小、软硬、光滑、粗糙等）和化学属性（易挥发与易溶解的物质的气味或味道）以及有机体最简单的生理变化（疼痛、舒适、凉热、饥、渴、饱等）。感觉是一种简单的心理现象，是认识的起点。

知觉是人脑对直接作用于感官的客观事物整体属性的综合反

映。例如，有某一物体，人用眼睛看有黄的颜色，弯圆条的形状；用手触摸其表皮柔软光滑度一般，用鼻子嗅有清香的水果气味；用嘴尝是甜味……于是人脑便把这些属性综合起来，形成该事物整体的印象并知道它是"香蕉"。这种对香蕉的反映就是知觉。按照知觉所反映对象的特点，可以将知觉分为物体知觉和社会知觉。按照知觉所凭借的感觉信息的来源不同，可以将知觉分为视知觉、听知觉、嗅知觉、味知觉、触知觉。按照知觉的性质和特点，在传统心理学领域内，通常把知觉分成时间知觉、空间知觉、运动知觉和错觉四大类型。

2. 感觉特性与安全

（1）对机体状况和感觉器官功能的依赖性。不管是哪种感觉，都同一个人的机体状况有关。人的机体不健康、有毛病或有缺陷，都直接影响感觉的发生和水平。例如，患感冒和鼻炎的人，其嗅觉敏感度会急剧下降。因此，为了使人的感受性保持正常，在安全生产中发挥作用，劳动者首先应有一个健康的体魄。有了疾病，也要及时医治。带病工作虽精神可嘉，但从安全的角度看却不可取，因为这样会增加安全隐患。

机能健全的感觉器官是感觉的物质基础和先决条件。虽然绝大多数人在正常情况下都有较高的感受性，但个体差异比较大，而且从事不同工种的生产对某种感觉能力的要求也不一样。因此，为了使人与工作相匹配，在工种分配时应该对从业者的感受性进行检查和测定。

（2）所有感觉都与外在刺激的性质和强度有关。能被感觉器官感受的刺激强度范围称为感觉阈。刚能引起感觉的最小刺激量称为感觉阈下限，能产生正常感觉的最大刺激量，称为感觉阈上限。刺激强度不能超过刺激阈上限，否则，感觉器官将受到损伤。

（3）感觉的适应性。所谓适应，是指由于刺激物对感受器的持续作用而使感受性发生变化的现象。适应能力对于人感知事物、调节自己的行为等具有积极意义。例如，夜晚与白天，亮度相差百万倍，若无适应能力，人就不能在不断变化的环境中精细地感知外界事物，调节自己的行动。但适应期的存在又给人感知事物造成了一定困难。因此，在变化急剧的环境中工作时就有可能出现感知错误，从而成为不安全因素。

（4）不同感觉间具有相互作用。对某种刺激物的感受性，不仅决定于对该感受器的直接刺激，而且还与同时受刺激的其他感受器的机能状态有关。例如，飞机噪声（听觉）可使黄昏视觉的感受性降到受刺激前的20%。听到那种刺耳的"吱吱"声（如电锯发出的声音），不仅使听觉器官受到强烈刺激，而且使人的皮肤产生凉感或冷感。这是因为人体是各种感觉构成的一个有机整体，不同器官虽有不同功能，但它们之间存在相互联系，因而能相互影响。

（5）感觉的模糊性。尽管人的感觉器官具有很强的感受性，但对外界事物变化的感知却并不很精确，感受到的结果有较大差异。这是因为，感觉作为一种心理现象，是由客观和主观的相互作用所决定的。从主观来看，人的经验、知识、情绪等对感觉都有很大的影响。基于这一点，在生产活动中，为了弥补感觉的这一局限性，必要时必须借助仪器、仪表等物质手段，以便客观、精确地反映事物及其变化。因此，为了保证生产的安全，应该把直接感知同间接感知有机结合起来。

3. 知觉特性与安全

知觉有如下几个比较明显的特性，它们都和安全有密切关系。

（1）知觉的选择性。在心理学中，知觉的选择性是指当客观事物作用于人的感官和头脑时，总是有选择地、优先地反映少数对象或对象的部分属性而对其余事物或事物的属性则反映得比较模糊的心理现象。一般说，被清晰地知觉到了的事物便是知觉的对象；而其他模糊知觉到的事物便是这种对象的背景。一般对象和背景之间的差别越大，把对象从背景中区分出来就越容易，反之就越困难。

例如，仪表指针和刻度表盘的颜色如是一样（或顺色），则不易辨别出指针的位置，因此，在设计时应尽量使之反差加大，反之则易造成误读。

（2）知觉的理解性。人在感知当前事物时，总是根据以往的知识或经验来理解它们，并用词把它们标示出来。心理学中把知觉的这种特性称为知觉的理解性。

知觉的理解性是与部分理性活动相联系、与思维活动相联系的心理现象。和感觉相比，知觉在更大程度上依赖于人的主观态度和过去的知识与经验。例如，在游览名胜古迹时，设置标志牌、说明词，请导游讲解等，其目的在于加强知觉理解性。在安全工作中，对新进厂的工人要进行安全教育，由老工人有意识地提醒他注意哪些设备易出危险，可以强化他的安全意识。

（3）知觉的恒常性。当知觉的条件在一定范围内发生改变时，知觉的印象仍然保持相对不变，知觉的这种特性即为知觉的恒常性。一般来说，对对象原有的知识和经验越丰富，就越有助于感知对象的恒常性；相反，知觉的恒常性就差。此外，知觉恒常性还和环境有关。熟悉的环境有助于保持知觉恒常性。知觉恒常性的积极意义在于：它保证人在瞬息万变的环境条件下，仍能感知事物的真实面貌，从而有利于人适应环境，这对安全生产也很重要。例如，虽然有时某些东西挡住了视线，人们仍能感知其被遮掩的部分。但知觉的恒常性也会给人带来错误的判断，因为它对于真正变化了的情况仍用原来的经验或老眼光去理解，因而不能随时调整自己的判断，使人易犯经验主义的错误，从而给安全带来消极的影响。如某变电所值班员操作时由于跑错间隔，当用钥匙打不开刀闸的锁时，误以为该锁已生锈，遂用锯子将锁锯开，强行操作，造成带负荷拉刀闸事故。

三、记忆与安全

记忆是过去的经验通过识记、保持、再认和回忆的方式在人脑中的反映。在一个人的经历中，曾经感知过的事物、思考过的问题、采取过的行动、练习过的动作、体验过的情绪和情感，都会有一部分在头脑中保留下来，形成记忆。

记忆是一个复杂的心理过程，它包括识记、保持、再认和重现三个基本环节。

1. 识 记

识记是记忆的第一步，是获得事物的印象并成为经验的过程。识记可分为无意识记和有意识记两种。无意识记是事先没有自觉的目的，也没有经过特殊的意志努力的识记，又称为不随意识记。有意识记是事先有预定目的，并经过一定的意志努力的识记，又称为随意识记。人们掌握知识和技能主要靠有意识记。

不管是无意识记还是有意识记，通常都是一种反复的感知过程，借以形成比较巩固的联系。例如，识记安全知识，常是经过多次听取或默想，形成巩固的知识，从而记住它。当然也可能经过一次感知就能记住，这取决于安全知识的易理解性和识记人的感兴趣程度。

2. 保 持

保持是把识记过的内容在头脑中储存下来的过程，它是识记在时间上的延续。识记不等于保持。例如，上安全培训课程时对老师讲解的内容听明白了，这是识记的过程。但如果下课后有许多内容就忘记了，说明这些内容没记住，即没保持住。就二者的关系而言，识记是保持的前提；保持是识记的继续和巩固。

保持的对立面是遗忘。遗忘指对识记过的事物不能（或错误地）再认和重现。遗忘的进程是不均衡的，有先快后慢的特点，以后基本稳定在一个水平上。防止遗忘的有效手段是对识记材料加强理解、及时回忆和复习，并经常应用。

3．再认和重现

再认是先前曾识记和保持过的事物再出现于面前时，人们能把它认出来。重现是即使先前感知或思考过的事物不在面前，甚至已隔了很长一段时间，人们仍然能把它在头脑中重现出来。可见，再认和重现虽都属于对过去感知过的事物在头脑中的恢复，但程度是有差别的。

记忆无论是在人的日常生活中，还是在生产、工作和学习中，都有非常重要的作用。

四、思维、想象与安全

1．思维与安全

思维是个体对客观事物本质和规律的认知。在日常生活中，人们经常说到的"考虑""思考""想一想"等，都是指思维活动。依据凭借物的不同，可将思维分为动作思维、形象思维、抽象思维。动作思维是以具体动作为工具解决直观而具体问题的思维。形象思维是以头脑中的具体形象来解决问题的思维活动。抽象思维是以语言为工具来进行的思维。从思维的发展来看，经历着从动作思维到形象思维，再到抽象思维的过程。

思维品质是衡量思维能力优劣、强弱的标准或依据。一般思维的基本品质主要通过思维的广阔性、批判性、深刻性、灵活性、敏捷性等体现出来。

思维的广阔性是指能全面而细致地考虑问题。具有广阔思维的人，在处理问题初做决断时，不仅考虑问题的整体，还照顾到问题的细节；不仅考虑问题本身，而且还考虑与问题相关的一切条件。因而思维的广阔性是安全的保证。

思维的批判性也称思维的独立性。它是指在思维中能独立地分析、判断、选择和吸收相关知识，并作出符合实际的评价，从而独立地解决问题。缺乏思维批判性的人，往往没有自己的主见，这样的人跟着好人学好，跟着坏人学坏。在生产活动中，这种人极易出事故。

思维的深刻性是指能深入到事物的本质里去考虑问题，不为表面现象所迷惑。具有深刻性思维的人，喜欢追根究底，不满足于表面的或现成的答案。缺乏思维深刻性的人最多只能透过现象揭示其浅层次的本质，而具有思维深刻性的人则能揭示其深层次的本质，看出别人所看不出来的问题。例如，要分析事故发生的原因时，有的人只考虑造成事故的直接原因，而有的人则看得更深一层，不仅考虑直接原因，而且考虑造成直接原因的内在原因，从而能找出防止事故发生的根本措施和方法。

思维的灵活性是指一个人的思维活动能根据客观情况的变化而随机应变，不固守一个方面或角度，不坚持显然是没有希望的思路。缺乏思维灵活性的人往往表现得比较固执，爱钻牛角尖，"一条道跑到黑""撞了南墙也不回头"，思想僵化，遇事拿不出办法。

思维的敏捷性是指能在很短的时间内提出解决问题的正确意见和可行的办法来，体现在处理事务和作决策时能当机立断，不犹豫、不徘徊。思维的敏捷性不等于思维的轻率性。思维的轻率性也表现出快速的特点，但往往失之浮浅且多错。思维的敏捷性对于处理那些突发性的事故具有特别重要的意义。

此外，思维的品质还涉及思维的条理性或逻辑性、思维的新颖性和创造性等，它们在安全生产中也是非常重要的。思维的条理性差，说话、办事就会缺乏条理，表达不清，让人不知所云或办事丢三落四，极易引起事故。思维的创造性差，凡事处理都是老一套，对简单问题可能还有效，但遇到新问题就会不知所措。总之，良好的思维品质是人们做好一切工作的最重要的主观条件和基本保证。

2. 想象与安全

想象是思维活动的一种特殊形式，它是人脑对已有的感知形象进行加工、改造并形成新形象的心理过程。想象是一种高级认知活动。

想象的品质主要反映在主动性、丰富性、生动性、现实性等方面，它们对安全都有一定影响。

想象的主动性是和有意想象联系在一起的，是人驾驭的想象，能做到"当行则行，当止则止"，主动地想象，无论对搞好生产、提高工作效率，还是保证生产中的安全，都很重要。在安排生产、从事实际操作时，要主动想象会出现哪些问题、困难，哪些有碍安全，并想象如何避免，可以做到临事不乱，处变不惊，工作井然有序。相反，若缺乏想象，一旦祸事临头，就会惊慌失措。

想象的丰富性是指想象内容充实、具体。想象的丰富性取决于一个人的表象储备，这同经验积累有关。"见多识广"是想象丰富的必要条件，同时，爱好思考也是必要的。对同一种现象或事物，爱好思考的人想得深、想得细、想得全。显然，这对预防事故是有好处的。但应指出，想象过于丰富，有时会使人谨小慎微，工作时放不开手脚，产生畏难情绪或恐惧心理，反而会影响生产的安全。

想象的生动性是指想象表现的鲜明程度。有的人对想象中的事物，如闻其声，如见其形，历历在目，栩栩如生。有的人则比较粗略、模糊。想象越生动，对想象的体验也越深，记忆也容易持久。

想象的现实性是指想象与客观现实相关的程度。有现实性的想象是有根据的想象，它在一定条件下是可以实现的。无根据的想象是空想和瞎想。凡是想象都有可超越现实的特点，但有现实性的想象可以指导人的进一步行动，促进人们按这种设想去奋斗；而空想则起不到这种作用。因此，在想象中要注意提高其现实性程度。

第三节　情绪和情感心理与安全

一、人的情绪和情感

情绪与情感是人对事物的态度和体验，是人的需要得到满足与否的反映。人在认识和改造世界的过程中，会遇到得失、顺逆、荣辱、美丑等各种情境，从而产生高兴与喜悦、气愤和憎恶、悲伤和忧虑、爱慕和钦佩等种种内心体验，这些以特殊方式表现出来的主观体验就是情绪或情感。

二、情绪和情感的两极性

情绪和情感不论从任何角度来分析，都可分为向、背两个方面，也就是说情绪和情感具有两极性。

1. 情绪与情感的积极体验和消极体验

从性质上看，情绪与情感的两极性首先表现在积极的与消极的体验上。如果外界事物能够满足个体的需要，个体就会产生肯定的态度，从而引起满意、愉快、喜爱、羡慕等积极的内心体验；否则，就会产生否定的态度，从而引起不满意、烦闷、厌恶、轻蔑等消极的内心体验。

2．情绪与情感的增力作用和减力作用

情绪与情感的两极性还表现在活动的增力作用和减力作用上。增力作用表现为提高人的活动能力，如愉快的情绪、爱国主义的热情等，能鼓舞人积极地工作和学习，甚至忘我地拼搏。减力作用表现为降低人的活动能力，如忧伤、焦虑等，往往会降低人的工作和学习效率，甚至自暴自弃。但是，有的情绪与情感在一定的情境中既可能是增力，也可能是减力。例如，悲痛能降低人的活动能力，但也可以转化为奋发力量来提高人的活动能力，其转化的条件是人能否认识到这种情绪的消极作用，并有意识地加以调节。

三、情绪与安全

情绪状态是指在某种事件或情境的影响下，在一定时间内所产生的激动不安状态。其中最典型的情绪状态有心境、激情、应激三种。

1．心境与安全

心境俗称心情。心境不是对于某一件事的特定体验，而是弥散性的一般情绪状态，往往在一个较长时间内影响一个人的所有活动，蔓延范围较大。在日常生活中常常见到这种情况：一个人心情好时，看什么都好，都满意；心情不好时，看什么都不顺眼，心烦易怒。

心境有积极和消极之分。积极的心境是一种增力性情绪，对保证安全是一种有利因素。消极的心境是一种减力性或负性情绪，它容易使人产生懒散，精神萎靡不振，感受能力下降，思维迟钝，对活动提不起兴趣，思想和注意力不集中。对引起自己心情不好的某些事件或因素总是萦绕脑际，经常愣神或发呆。显然，这对安全是一种威胁，也是造成事故的隐患。

引起心境变化的原因很多：客观因素，如生活中的重大事件、家庭纠纷、事业的成败、工作的顺利与否、人际关系的干扰等；生理因素，如健康状态、疲劳、慢性疾病等；气候因素，如阴天易使人心情郁闷，晴好天气则使人心情开朗；环境因素，如工作场所脏、乱，粉尘烟雾弥漫，易使人产生厌烦、忧虑等负面情绪。

在生产劳动中，保持职工良好的心境，避免情绪的大起大落是非常重要的。心境与生产效率、安全生产有很大关系。心理学家曾在一家工厂中观察到，在良好的心境下，工人的工作效率提高了 0.4 % ~4.2%；而在不良的心境下，工作效率降低了 2.5% ~18%，而且事故率明显增加。这是因为工人在心境不佳时进行作业，认识过程和意志行动水平低下，因而反应迟钝，神情恍惚，注意力不集中，除了工作效率下降外，还极易出现操作错误和事故。

因此，创造一个宽松的社会环境，努力培养和激发积极的心境，学会做自己心境的主人，经常保持良好的心境，对安全工作至关重要。

2. 激情与安全

激情是一种猛烈暴发性的、短暂的情绪状态，如大喜、大悲、暴怒、绝望、恐怖等。其外部表现较为明显，如怒发冲冠、暴跳如雷、声嘶力竭、手舞足蹈、涕泪皆流，严重时会产生昏厥。

激情也有积极和消极之分。积极的激情能鼓舞人们积极进取，为正义、真理而奋斗，为维护个人或集体荣誉而不懈努力，因而对安全是一种有利因素。但在消极的激情下，认识范围缩小，控制力减弱，理智的分析判断能力下降，不能约束自己，不能正确评价自己行为的意义和后果，或趾高气扬，不可一世；或破罐破摔，铤而走险，丧失理智，忘乎所以，冒险蛮干。负面激情不仅严重影响人的身心健康，而且也是安全生产的大敌、导致事故的温床，因此，无论是在生产过程还是在日常生活中都应竭力避免，否则会带来严重后果。

3．应激与安全

应激是指当遇到出乎意料的紧张情况时所产生的情绪状态。例如，飞机在飞行中，发动机突然发生故障，驾驶员紧急与地面联系着陆；正常行驶的汽车意外地遇到故障时，司机紧急刹车等。

能引起应激现象的因素很多，可把它们分成四个方面：作业时的环境因素、工作因素、组织因素和个性因素。

（1）环境因素。如工作调动、晋升、降级、解雇、待业、缺乏晋升机会等。

（2）工作因素。恶劣的工作环境，工作环境中的人际关系，工作负荷量过大常成为应激的来源。例如，在危险地段行车或运载危险物品的驾驶工作，长期从事需要高度注意力的工作（如仪表监视），长期担负重体力劳动强度的工作，会由于工作负荷量过大而感受应激。超时工作（加班）也是一个重要的应激源，据称每周超过 50 小时以上的工作会引起心理失调以及冠心病。

（3）组织因素。有两个组织因素对增加工作的应激有特殊的意义。一个是组织的性质、习俗、气氛和在组织中组织雇员参与管理和决策的方式；另一个是以来自领导者的支持和鼓励个人发展前途等形式反映出来的组织支持。

（4）个性因素。在应激状态下，操作者的身心会发生一系列的变化，这种变化是应激引起的效应，称为"紧张"。可能有两种反应：一种是目瞪口呆，手足失措，陷入一片混乱，判断力、决策力丧失；另一种是急中生智，头脑冷静清醒，动作精确，行动有力，能及时摆脱困境。前者是一种减力性应激状态；后者是一种增力性应激状态。人在增力性应激状态下，可以最大限度地发挥自己的潜能，做出在通常情况下难以做出的事情。

在应激情绪状态下，究竟是产生增力效应，还是减力效应，具有较大的个体差异性，而且也视具体情境而定。总的说来，它和一个人原先的心理准备状态、平时的训练和经验等因素有密切关系。如果平素提高警惕，注意增强意志锻炼，就会做到遇事不慌，处变不惊，当机立断，化险为夷。

如何做好紧张心理调节是至关重要的。可以通过创造良好的工作环境、提高职工应付紧张的素质、开展职业心理咨询以缓解和消除职业性紧张对职工的不利影响，如职工参与管理，正确地应用激励机制，为职工创造一个有利于发挥自身潜力的企业心理环境。又如企业定期开展不同类型的竞赛活动，开展有益的文娱活动和体育活动，陶冶职工的情操，培养职工积极进取的情绪。这些均有利于缓解紧张的情绪。

当然，要避免过度的紧张，比较主动的办法是从个体自身做起，平时提高操作技能，注意积累经验，增强适应能力等。

4. 不安全情绪

在实际工作中表现出来的不安全情绪有急躁情绪和烦躁情绪等。

人们在情绪水平失调时，言行上往往会表现出忧虑不安、恐慌、失眠、行为粗犷、眼神呆滞、心不在焉、言行过分活跃，或出现与本人平时性格不一致的情绪状态等。若能从管理上及人体主观上都注意创造一个稳定的心理环境，并积极引导人们用理智控制不良情绪，则可以大大减少因情绪水平失调而诱发的不安全行为。

四、情感过程与安全

情感是同人的社会性需要相联系的主观体验。人类高级的社会性情感主要有道德感、理智感和美感。以下主要讨论与安全关系较大的几种情感。

1. 道德感与安全

（1）责任感与安全。责任感是一个人所体验的自己对社会或他人所负的道德责任的情感。责任感的产生及其强弱取决于对责任的认识。责任感对安全的影响极大，很多事故的发生与责任心不强有关。一些人上班脱岗、值班时睡觉，领导者对下属疏于管理、监督，对工作拖沓、推延，作业时冒险蛮干、不遵守操作规程等，都是责任心不强的表现，极易导致事故发生。责任本身的意义越重大，对责任意义的认识越深刻，对责任的情感体验也就越强烈。

（2）挫折感与安全。人在生产、生活、工作和学习中，并非总是一帆风顺，有时会遇到障碍，出现失败，产生挫折。所谓挫折，在心理学上是指个体在从事有目的的活动过程中，遇到障碍和干扰，致使个人动机不能实现、个人需要不能满足时的情绪反应。

但并非所有的失败都能导致挫折感。挫折感的产生有一定的条件，它与个体从事目的性的强度，造成挫折的障碍，个人对挫折的容忍力有关。挫折感一旦产生，便会对人的情绪、行为等发生重要影响，表现出情绪异常。

为了防止或减少挫折感的产生，最基本的措施有以下两条：

① 从客观上来说，应该尽可能改变产生挫折的情境。作为领导管理者，要主动关心自己的下属，及时给予鼓励，并切实解决其实际问题。一旦活动失败后，应实事求是地分析导致失败的主客观原因，对由客观因素所造成的失败，要给予正视和认可，不要一味地强调活动者的责任。对活动者应负的责任，要本着总结经验、吸取教训，以利再干的态度，恰当地指出，使之心服口服，这样有利于将挫折造成的负性情绪转向正性情绪，促进其升华。

② 从主观上来说，作为行为者，在确定活动目标时应该量力而行，切忌好高骛远，期望值要适度；一旦活动失败，要理智地控制自己的情绪，必要时可采取心理调试的办法（如精神发泄），尽快从失败的痛苦中解脱出来，把失败看做成功的代价，变失败的痛苦为进一步奋斗的压力和动力。

2. 理智感与安全

理智感是一个人在智力活动中由认识和追求真理的需要是否得到满足而引起的情感体验。愉快或喜悦的情感，疑惑或惊讶的情感，不安的情感等，所有这些情感都属于理智感。

一个人的理智感较强，体现为求知欲旺盛、热爱真理、相信科学，这对安全生产是一种积极的有利情感。在现代工厂企业，甚至各行各业，由于科学技术的飞速发展，出现了许多新的机器、设备、仪器和工艺手段，要熟悉、掌握和驾驭它们，单靠传统的经验、技能已无济于事，必须善于学习，不断更新自己的知识储备，加强现代科学理论的修养。而要做到这一点，强烈的求知欲望是必不可少的。凡事不讲科学，仅仅满足于一知半解，固守从老师傅那里得到的陈旧经验，甚至以"大老粗"为荣，遇事冒险蛮干，不懂装懂，认为只要胆大就行，都是一种缺乏理智感的表现。抱着这样的情感从事生产活动，既不能充分发挥高新技术装置的潜能，也容易在操作中出错，成为安全生产的威胁。

3. 美感与安全

美感是人对能激起或满足自己美的需要的一种情感体验。美感的体验有两个特点：

（1）具有愉悦的体验。

（2）带有倾向性的体验。

不同的人，对美的理解是不同的。有的人以对工作负责、技术精熟为美，因而受到同事敬佩、领导表扬、社会尊重，当他们自已做到这些后，心里会感到美滋滋的；有的人则以外表漂亮、打扮入时、会吃会玩为美。前者是一种高尚的、内在的美；后者是一种表面的、庸俗的美。前者对生产中的安全是一种有利因素，因为它可以激励人们树立起较强的工作责任感和对技术精益求精的奋发向上的精神；后者则有可能使人沉溺于琐碎细小的日常生活，消磨人的意志，增强人的虚荣心。树立正确的审美观，克服美感对安全带来的消极影响，是进行安全意识教育的一项重要内容。

第四节　意志与安全

一、意志及其作用

人们自觉地确定活动目的，并为实现预定目的，有意识地支配、调节其行动的心理现象就是意志，或称意志过程。

意志对人的任何有意识活动的顺利而有效地达成具有非常重要的作用。意志通过对意识的自我定向、自我约束、自我调节和自我控制，保证人们达到预定目的。因此，它对完成既定任务是必不可少的心理因素。法国生物学家巴斯德有一段名言："立志、工作、成功，是人类活动的三大要素。立志是事业的大门，工作是登堂入室的旅程，这旅程的尽头就有个成功在等待着。"

二、意志行动

意志行动是在意志支配下实现的行动。意志行动不同于生来俱有的本能活动和缺乏意识控制的不随意行动，只有意志参与的行动才是意志行动。例如，手遇针刺就会缩回，而打哈欠、摇头摆脑等一些无意的动作都不是意志行动。

1. 意志的过程

意志行动有其发生、发展和完成的历程，这一过程大致可以分为两个阶段：采取决定阶段和执行决定阶段。

（1）采取决定阶段。采取决定阶段是意志行动的开始阶段，它决定意志行动的方向，是意志行动的动因，一般包含确定目的或目标、制订计划、心理冲突、做出决策等许多环节。

（2）执行决定阶段。执行决定是意志行动的完成阶段，它使内心世界的期望、计划付诸实施，以达到某种目的，是意志行动的最重要环节。意志行动只有经过执行阶段，才能达到预定的目的；不执行决定，就没有意志行动可言。

2. 意志行动的基本特征

（1）行动目的的自觉性是意志行动的主要特征。所谓行动目的的自觉性，就是对行动目的方向具有充分自觉的认识。既不是勉强的行动，也不是无方向的盲目的冲动，而是有意识、有目的、有计划的自觉行动。例如，人生来就会的吞咽、眨眼、咳嗽等动作不是意志行动；疏忽、失误动作、习惯性动作、冲动性行为等亦非意志行动。意志行动的自觉目的性特征，不仅表现在能够自觉地想到、自觉地选择、自觉地意识行动的目的，而且表现为自觉地同意和采纳这种目的，并且有按照一定方向行动的决心。

（2）与克服困难相联系是意志行动最重要的特征。意志行动一定是有意行动，而有意行动却不一定都是意志行动。例如，一般的有意动作，如打开窗子透透气，打开收音机听广播等，都不能算意志行动。意志行动总是与调节人去克服困难、排除行动中的障碍是分不开的。意志是否坚强，主要以克服困难的大小来衡量。

（3）意志行动以随意动作为基础，和自动化的习惯动作既有联系又相区别。人的动作可以分为不随意动作和随意动作。不随意动作指事先没有确定目的的动作，如耳听到声音，头立刻转向声源，等等。随意动作是由意识指引的活动，它是一种在生活实践中学会的动作，如吃饭、穿衣、学习、劳动、社会交往等。随意动作是意志行动的基础。由于有随意动作，人才可以根据自己的目的去组织、支配、调节一系列的动作组成复杂的行动，以实现预定的目的。

（4）意志对行动的调节作用。意志对行动的调节作用有两个方面：一是发动，二是抑制。前者表现为推动人们去从事达到预定目的所必需的行动。例如，为了完成一项工作任务，意志会推动人们去寻找设备，查资料，搞调查，向别人请教等。后者表现为制止不符合预定目的的行为。在实践活动中，意志对行动的发动和抑制作用不是互相排斥的，而是互相联系的、统一的。为了达到预定的目的，意志通过抑制和发动这两个作用，克服与预定目的相矛盾的行动，发动与预定目的实现有关的行动，实现对人的活动的支配和调节。

意志不仅调节外部动作，还可以调节人的心理状态。当人在危急、险恶的情境下，克服内心的恐惧慌乱，强迫自己保持镇定时，就表现出意志对情绪状态的调节。

意志对行为的调节和支配并不总是轻而易举的，常会遇到各种外部、内部的困难。因此，意志行动的实现往往与克服困难相联系。例如，瑞典化学家诺贝尔，在研究炸药的过程中，多次遇到危险而坚持到底。一次，炸药在实验过程中发生意外爆炸，他的弟弟被炸死，父亲被炸成重伤。在这样的挫折面前，诺贝尔并没有气馁，而是更加顽强地坚持实验，最后终于取得令人瞩目的成就。

三、意志品质与安全生产

人的意志有强有弱。构成人的意志的某些比较稳定的方面，就是人的意志品质。好的意志品质通常被人们称为坚强的意志，或意志坚强；差的意志品质则通常被称为意志薄弱。坚强的意志品质主要是指意志的自制性、果断性、恒毅性和坚定性较强，而意志薄弱主要是指意志的上述品质较差。

1. 自制性

意志的自制性或自律性品质是一种自我约束的品质。有自制性的人善于克制自己的思想、情绪、情感、习惯、行为、举止，能恰当地把它们控制在一定的"度"的范围内，抑制与行动目的不相容的动机，不为其他无关的刺激所引诱、所动摇。

意志的自制性品质对安全生产有重要影响。为了预防事故、保证安全，每个企业部门都有相应的劳动纪律和安全规章制度，需要人们自觉地加以遵守。而任何纪律本质上都是对人们某些行为的约束。只有具有良好的意志，自制力才能自觉地按照规章制度办事，积极主动地去执行已经做出的决定。因此，这对现代化大生产中的工人来说是一种必备的心理素质。在现实生活中人们不难发现，许多事故是出在违章操作上。尽管造成违章的原因是多方面的，但其中不容忽视的原因之一是某些人将必要的规章制度看做是"领导专门对付工人的"，从心理上不愿遵守，因而在行动上放纵自己，"我想怎么干就怎么干"，到头来一害国家，二害自己。可见，要想保障安全，就要遵章守纪，而要遵章守纪，就必须加强意志自制性品质的培养。

2. 果断性

意志的果断性即通常所说的拿得起，放得下，它突出地反映在一个人作决定、下判断时。果断性集中反映着一个人作决定的速度，但迅速决断不意味着草率决定、鲁莽从事、轻举妄动。意志的果断性对紧急、重大事件的处理具有重大意义。在生产中，有些事故的发生是有先兆的。能否在事故发生前的一刹那，自觉采取果断措施排除险情，和操作者的意志关系很大。所谓"车行千里，出事几米"。如果能在情况紧急时，及时采取果断措施，就能够避免事故发生。相反则可能会延误时机，造成严重后果。例如，某钢厂出钢时，天车抱闸失灵，钢包下溜，钢水外溢，遇水发生爆炸，造成多人受伤。如果天车司机在发现天车抱闸失灵后采取果断措施（如打反转），控制钢包下溜，将钢包安放于平稳之处，或发出信号通知地面人员迅速离开，这次事故就有可能避免。

3. 恒毅性

意志的恒毅性也称坚韧性、坚持性。通常人们所说的坚持不懈、坚韧不拔、有恒心、有毅力、有耐力等，就是指恒毅性好的意志品质。恒毅性对于克服工作、生产中的困难，减少事故危害程度等是一种可贵的意志品质。俗话说，最后的胜利常常产生于"再坚持一下"的努力之中。"再坚持一下"的努力就是意志恒毅性的品质。这种品质在遇到紧急情况时特别重要。例如，2002 年 3 月 27 日，在河南省宜阳县锦阳二矿打工的杨显斌被困矿井下 21 天后，奇迹般生还的事例，就充分说明了这个问题。3 月 7 日下午锦阳二矿突发透水事故，和杨同班的 7 名工友不幸遇难。精通水性的杨显斌在水涌来时，随水爬上一处平台，当时水已淹到脖子处，所幸的是水再没有上涨。他凭着坚强的毅力坚持着……断断续续地用所戴矿灯查看周围险情，饥饿时就喝身边的水，呼吸不畅时就慢慢放掉人力车轮胎内的空气吸上一口，水位下降时他随着水流的方向，用手扒煤，艰难地爬了 70 多米。终于他听到抽水的声音，被人发现，于 3 月 27 日下午 5 时 30 分获救。谈及井下 21 天的生死历程，杨显斌说，他是靠喝水和强烈的求生欲望战胜死亡、创造生命奇迹的。

4．坚定性

意志的坚定性是指对自己选定或认同的行动目的、奋斗目标坚定不移、矢志不渝，努力去实现的一种品质。意志的坚定性品质的树立取决于对行动目标的认识，认识越深刻，选定目标越坚决，行动也就越自觉。此外，意志的坚定性还与一个人的理想、信念等有关。

坚定的意志品质对安全生产的影响很大。这是因为，安全生产是以熟练的操作技能为基本前提的。而技能不同于本能，它不是人先天就具备的，而是后天学得的。要使操作技能达到熟练的程度，不经过意志的努力是难以想象的。许多人之所以不能使自己的操作技能达到炉火纯青的地步，而仅仅满足于能应付、过得去，除了其他原因外，很重要的就是缺乏意志的坚定性，不舍得花力气。

四、意志品质提高的方法

人的意志品质与人先天的神经类型有一定的关系，但它并非全是天生的，也不是不可改变的。许多事例表明，坚强的意志品质是可以通过有意识地训练和培养而得到提高的。

为了加强对职工在安全生产活动中意志品质的培养，应从各方面提高职工的素质，并从企业安全生产活动的角度考虑下列几种途径。

（1）坚强的意志取决于人对行动目的和意义的认知。对行动的目的越明确，对行动意义的认识越深刻，越能激发人用坚强的意志去对待它。应该加强对职工进行安全生产价值观的教育，要采取不同的活动形式（如报告会、展示会等），不断提高职工对安全生产的认识水平，明确安全生产的社会和经济意义，并将自己的"参与"和企业的整体目标联系在一起。

（2）引导职工在安全生产实践活动中与困难作斗争，培养坚强品质。意志的培育和锤炼离不开对困难的克服。要有意识地让职工承担对他来说有一定难度的安全生产任务，鼓励职工坚持不懈地战胜困难。尤其对那些在困难面前表现怯懦的职工，要多给予关心和鼓励，增强其克服困难的信心和勇气。应先易后难，循序渐进，持之以恒。为了增强职工克服困难的信心，对职工所取得的安全绩效要及时予以反馈和褒奖。

（3）要充分发挥团队精神和榜样作用，形成任劳任怨、吃苦耐劳、勇于进取、遵章守纪的工作氛围，促进职工个人自制、刚毅、勇敢等良好意志品质的形成。

（4）启发职工在实践中锻炼意志品质。只有在行动中才能真正感受到良好意志品质的重要性和必要性。因此，勇于实践，在实践中加强锻炼是提高意志品质的最根本途径。意志的培养并非一朝一夕，要在平凡的岗位上，从一点一滴做起，并鼓励职工通过自我检查、自我监督、自我鼓励来加速良好意志品质的培养。

第五节　注意与安全

一、注意及其功能

注意是心理活动对一定事物的指向和集中。指向是指从众多的事物中选择出要反映的对象，集中是指在选择对象的同时，对别的事物的影响加以抑制而不予理会，以保证对所选对象做出清晰的反映。注意具有以下功能。

1. 选择的功能

对于作用于各种感受器的种种刺激只有加以注意，才能选出那些有意义的、重要的、符合需要的刺激。从各种可能的动作中选出与完成当前活动有关的动作，从保存在头脑的大量记忆中选出与当前智力活动有关的记忆，都有赖于注意的作用。如果心理活动没有注意的选择功能，人们就不可能将有关的信息检索出来，意识就会处于一片混沌状态。

2. 维持的功能

人们从外界获得的感知信息、从记忆中提取的信息只有加以注意才能保持在意识中或进行精制的加工，转换成更持久的形式存储在记忆中。没有注意的维持功能（即不加以注意），头脑中的信息就会很快在意识中消失，任何智力操作都无法完成。

3. 调节和监督的功能

在注意状态下人们才能对自己的行为和活动进行调节和监督。人的生活是有目标的，无论是积极的目标或是消极的目标，对于自我的注意，才使人有可能对自己的行为与特定的目标相比较，注意反馈信息，并相应地调节、监督自己的行为，使之与特定的目标相一致。如果行为与目标不一致就进一步加以调节，在反馈环节中进行不断地调节直至达到目标为止。

二、注意的种类

根据注意时有无目的性和意志努力的程度，可把注意分为两类：无意注意（不随意注意）、有意注意（随意注意）。

1. 无意注意

事先没有预定目的，也无需意志努力的注意叫无意注意。

无意注意的产生同客观刺激物本身的新异性、刺激物的强度、刺激物之间的对比关系、刺激物的变化等有关。新出现的事物容易引起人们的注意。从未经历的事情、奇异的现象、怪异的装扮、新颖的产品等都因新鲜、罕见奇特而易引起人们的注意。强烈的刺激，如巨大的声响、强烈的光线、浓烈的气味、晴空霹雳、长空闪电等都易引起人们注意。刺激物在形状、大小、色彩、声音等方面的对比显著，也易引起注意。如印刷品中的粗体字较细小的字易引起人们注意等。

无意注意的引起，不仅与客观刺激有关，而且与个人的主观状态相联系。同时，无意注意也依赖于个人的心理状态。当某一刺激物出现时，能否成为注意的对象，往往取决于人们的知识经验。当新的刺激出现时，如果对此一无所知，就不会去注意；如果很熟知，也不会引起注意。此外，当人们精神愉快时，注意范围广，注意力也容易维持，当人们精神疲惫时，注意的阈限上升，甚至平时能引起注意的事物也被忽略。

2．有意注意

有预定目的、又需要做出意志努力的注意叫有意注意。事实上，对意义重大的事物往往需要通过意志努力去集中注意。人类的实践活动是有目的有意识的，在实现预定目的的过程中，难免会遇到一些困难和挫折，需要调动人们的有意注意，通过意志的努力去克服。由于有意注意的参与，人们才能借助内部语言进行自我调节和控制，努力排除干扰，把注意力维持在应该注意的对象上，这就保证了人类实践活动的顺利进行。

三、注意与安全

生产发生的事故中，由人的失误引起的事故占较大比例，而"不注意"又是其中的重要原因。据研究，引起不注意的原因有以下几方面：

1．强烈的无关刺激的干扰

当外界的无关刺激达到一定强度，会引起作业者的无意注意，使注意对象转移而造成事故。但当外界没有刺激或刺激陈旧时，大脑又难以维持较高的意识水平，反而降低意识水平和转移注意对象。

2．注意对象设计欠佳

长期的工作，使作业者对控制器、显示器以及被控制系统的操作、运动关系形成了习惯定型，若改变习惯定型，需要通过培训和锻炼建立新的习惯定型。但遇到紧急情况时仍然会反应缓慢，出现操作错误。

3．注意的起伏

注意的起伏是指人对注意客体不可能长时间保持高意识状态，而是按照间歇地加强或减弱规律变化。因此，越是高度紧张需要意识集中的作业，其持续时间越不宜长，因为低意识期间容易导致事故。

4．意识水平下降导致注意分散

注意分散是指作业者的意识没有有效地集中在应注意的对象上。这是一种低意识水平的现象。环境条件不良，引起机体不适；机械设备与人的心理不相符，引起人的反感；身体条件欠佳、疲劳；过于专心于某一事物，以致对周围发生的事情不作反应。上述原因均可引起意识水平下降，导致注意分散。

在事故分析中常把原因归结为操作者马虎，不注意等。所以，在防止事故的方法上常常采用提醒作业人员注意安全、小心谨慎，或召开班前会、班后会、事故分析会，提醒工人注意安全。这些无疑都是必要的，但远远不够。在生产中也可见到这种情况，领导者在一次事故发生后，唯恐再发生事故，于是亲自下生产岗位检查督促，大会讲，小会提，兢兢业业，小心谨慎，但是事故仍旧接连发生。例如，1984年某矿截至4月初连续发生四起死亡事故，领导机关召集所属各矿安全事故分析会，查找事故原因，改进安全状况，就在会议结束那一天，偏偏又发生一起死亡事故。

上述事例说明事故的发生有其客观的必然性，是不以人的主观愿望为转移的。人若总是聚精会神地工作，当然可以防止由于不注意而产生的失误。但试验研究证明，这是不可能的。谁都不能自始至终地集中注意力。除玩忽职守者外，不注意是很正常的情况。不注意是人的意识活动的一种状态，是意识状态的结果，不是原因。因此，提倡注意安全虽然是必要的，但是不够。单纯依靠提醒工作人员注意安全作为抓好安全工作的主要杠杆是不科学的。对于"不注意"这种自然生理现象，应从生理学和心理学角度加以解释。

综上所述：人从生理上、心理上不可能始终集中注意力于一点；不注意的发生是必然的生理和心理现象，不可避免，不注意就存在于注意之中；自动化程度越高，监视仪表等工作人员越容易发生不注意。预防不注意产生差错的措施如下：

（1）建立冗余系统，为确保操作安全，在重要岗位上，多设1~2个人平行监视仪表的工作。

（2）为防止下意识状态的失误，在重要操作之前，如电路接通或断开、阀门开放等采用"指示唱呼"，对操作内容确认后再动作。

（3）改进仪器、仪表的设计，使其对人产生非单调刺激或悦耳、多样的信号，避免误解。

第二章
易致人为失误的生理心理因素

第一节 疲劳因素

一、疲劳的性质与特点

劳动者在连续工作一段时间以后，会有疲劳和机能衰退现象，这就是疲劳。疲劳是一种正常的生理心理现象。从生理学的观点来看，疲劳和休息是能量消耗与恢复相互交替的机体活动。疲劳与休息的合理调节，可以使人体的感觉器官、运动器官与中枢神经系统的机能得到锻炼、提高。但是，如果由于工作负荷过重及连续工作时间过长，造成过度疲劳，就会严重影响人的心理活动的正常进行，造成人体生理、心理机能的衰退和紊乱，从而使劳动效率下降、作业差错增加、工伤事故增多、缺勤率增高等。

因此，我国的安全研究者和安全管理工作者应该更加重视疲劳因素的研究和预防，加强劳动者休息权的保护，以缓解我国安全生产形势严峻的局面。

疲劳按其产生的性质，可分为生理疲劳（或称体力疲劳）和心理疲劳（或称精神疲劳）两种。生理疲劳是由于人体连续不断的活动（或短时间的剧烈活动），使人体组织中的资源耗竭或肌肉内产生的乳酸不能及时分解和排泄引起的。心理疲劳有时是由于长时间集中于重复性的单调工作引起的，因为这种工作不能引起劳动者的直接兴趣，加之没有适当的休息，就会使人厌倦和焦躁不安，甚至失去控制情绪的能力。

生理疲劳和心理疲劳在劳动中并不一定是同时产生的。有时身体上并不感到疲劳，而心理上却感到十分厌倦。也有时虽然工作负担很重，身体上感到疲劳，但由于工作富有意义或做出了成就而感到精神轻松，仍能很有兴趣地工作。生理疲劳和心理疲劳既有一定的区别，又有一定的联系，并且相互制约。在生理上疲劳时，由于某种动机的驱动和意志上的努力，可以继续工作一段时间，但不能维持过长，超过某种限度，勉强工作就会引起过度的疲劳。这不仅有碍于劳动者的身心健康，而且容易产生意外事故。因此，在实际工作中，要尊重人体的生理规律，对延长劳动时间和加班必须予以严格的限制。

二、疲劳产生的原因分析

劳动中引起疲劳的原因很多，我们这里根据日本著名疲劳研究专家、国际工效学会理事长大岛正光对疲劳的一般原因和心理原因所做的分类，结合我国企业的实际情况，将疲劳的原因列表（见表 2 - 1 和表 2 - 2）。

表 2 - 1　疲劳的一般原因

（1）不熟练	（10）拘束、固定的作业姿势时间过长
（2）睡眠不足	（11）工作单调、简单重复、缺乏变化
（3）连续作业时间过长	（12）年龄过轻，或高龄
（4）休息时间不足	（13）环境不利（高温、照明不足、振动、噪声等）
（5）连续多日白班或夜班	（14）有害物质的作用
（6）白天和夜间连续作业	（15）不利的作业条件（如作业位置过高、过低、空间狭窄等）
（7）过长地加班	（16）由于疾病体力下降等
（8）作业强度过大	
（9）劳动中能量代谢率过高	

表2-2 疲劳的心理原因

（1）生产热情低下	（7）对健康担心
（2）兴趣丧失	（8）危险感，危机感
（3）工作不安定（如不安心本职工作、担心失去工作等）	（9）生产责任过大
（4）拘束感，束缚	（10）种种不满（对工资、福利、晋升等待遇以及对整个企业的不满等）
（5）家庭不和	（11）职业工种与个性特征不适应
（6）惦记家务事（家里人生病，经济紧张等）	（12）对疲劳的暗示

由表2-1、表2-2可知，产生疲劳的原因是复杂多样的，既有劳动强度过大、作业时间过长、作业环境较差及身体条件不适应等一般性原因，又有诸如缺乏对本职工作的积极动机、工作中存在消极的心理因素等众多的心理原因。

三、作业疲劳的调查与测定

1. 人在疲劳时的生理心理状态

根据俄罗斯心理学家列维托夫对疲劳的研究，人在疲劳时的生理心理状态包括以下几个方面：

（1）无力感。甚至当劳动生产率还没有下降的时候，工人已经感到劳动能力有所下降，这就是疲劳反应。工人感到无法按照规定的要求继续工作下去。

（2）注意的失调。在疲劳状态下，注意容易分散，并表现为怠慢、少动，或者相反，产生杂乱的好动，游移不定。

（3）感觉方面的失调。在疲劳的情况下，参与活动的感觉器官功能会发生紊乱。如果一个人不间歇地长时间读书，那么他会说眼前的字行"开始变得模糊不清"。手工作时间过长，会导致触觉和运动觉敏感性的减弱。

（4）记忆和思维故障。与工作相关的领域都会直接出现这种故障。在过度疲劳的情况下，工人可能忘记操作规程，把自己的工作岗位弄得杂乱无章。

（5）意志减退。疲劳状态下人的决心、耐性和自我控制能力减退，缺乏坚持不懈的精神。

（6）睡意。疲劳能够引起睡意。这种情况下，睡意是保护性抑制反应。在实践中我们有时会看到，在连续工作时间太长而疲劳至极时，人会毫无警觉地突然入睡。这种情况对正在从事致创因素较多的工作现场的作业人员来说十分危险。如各种车辆司机等。

2. 疲劳问卷调查

对于疲劳的研究虽然有着非常重要的意义，现有测定评价方法常以主观的疲劳感进行判断疲劳的有无和程度深浅，测定方法多是间接测定其生理或心理反应指标，以推论疲劳的程度。

日本产业卫生学会疲劳研究会提供了下列自觉症状调查表。按其分类方法，疲劳是由精神因子、身体因子和感觉因子构成的。在三个因子中，每个列出10项调查内容，把症状主诉率按时间、作业条件等加以分类比较，就可以评价作业内容、作业条件对工人的影响（见表2－3）。

表2－3　疲劳自觉症状调查表

编号：　　工作内容：　　姓名：　　工作地点：　　年　月　日　时　分

I 身体因子		II 精神因子		III 感觉因子	
1	头重	11	思考不集中	21	头疼
2	周身酸疼	12	语无伦次	22	肩头酸
3	腿脚发软	13	心情焦躁	23	腰疼
4	打呵欠	14	精神涣散	24	呼吸困难
5	头脑不清晰	15	对事物反应平淡	25	口干舌燥
6	困倦	16	小事想不起来	26	声音模糊
7	双眼难睁	17	做事差错增多	27	目眩

续表 2 - 3

I 身体因子		II 精神因子		III 感觉因子	
8	动作笨拙	18	对事物放心不下	28	眼皮跳，肌肉跳
9	脚下发软	19	动作不准确	29	手或脚抖
10	想躺下休息	20	没有耐性	30	精神不好

注：无自觉症状在栏内画×，有自觉症状在栏内画〇

应当指出，上述多数疲劳自觉症状都是在较繁重的劳动中才会出现。

四、疲劳与作业安全

作业疲劳现在是国际公认的主要事故致因之一。如前所述，作业疲劳可使作业者产生一系列精神症状和身体症状，这样就必然影响到作业人员的作业可靠性，并常常引起伤亡事故。

以煤矿生产为例，由于工作条件艰苦，劳动强度大，而从事井下生产作业的矿工，又多兼顾农业生产，因此疲劳在煤矿事故发生的原因中占有突出地位。如某矿一职工，下了夜班就去忙麦收，没得到休息，晚上又继续上夜班，在井下抬钢轨的过程中感到体力不支，难以控制自己的动作，结果摔倒在地，钢轨砸在身上，造成严重的脑震荡和胸骨骨折。这显然是由于过度疲劳直接引起的事故。很多煤矿井上地面铁路纵横交错，道口很多，而且大多是不设过路天桥和无人看守的道口，疲劳状态下的工人在下班途中或作业中常不能敏锐地觉察侧面和后面来车，因而有时引起伤亡事故。如有一次调车中，机车将没有觉察躲避的工人撞倒致死。又如，某矿井三名工人因疲劳靠在矿壁处休息，突然矿壁塌落，一名坐着休息的工人被砸死，两名站着的工人受重伤。一方面是因为疲劳，没有正确选择休息地点；另一方面是因为疲劳后感官敏感度下降，不能及时觉察塌落预兆。因此，企业应针对造成劳

动者疲劳的各种因素，采取有效的措施，努力改善劳动条件，减轻繁重的体力劳动，以及严格控制延长劳动时间，从而防止工人的过度疲劳，减少事故的发生。另外，还可以实行多次短暂的工间休息的办法，调节工作与休息的节奏，不使疲劳过度积累。更应尽量为矿工创造工余休息的条件，如热水浴，各种临时休息室以及旅馆化的矿工公寓等，以保证工人能很快地消除疲劳。

来自生产一线的调查表明，过度疲劳时的最大危险主要源于反应迟钝和动作不准确，在工人遇到危险信息时往往不能及时发现，或发现了不能快速地做出反应。而在实际的危险发生时，躲避危险的时间常常在几秒钟之内。

综上可见，疲劳与安全生产是密切相关的。防止过度疲劳也是安全生产的关键之一。

第二节　时间因素

我们知道，自然界中的节律现象是普遍存在的，诸如太阳升落，月亮盈亏，四季交替，植物的生长、落叶，动物的出没，等等，都有一定的节律，而人的生命活动也存在着明显的节律。人体生理节律又叫生物钟，它从生命开始，随时间呈持续不断、周而复始的周期变化，这种周期变化就是生物节律。它与生命共存，并支配着生物体的行为。迄今为止，科学家们已经发现人体生理节律有100多种，其中主要有年节律、月节律、日节律等。

一、工作能力的昼夜波动

研究表明，人的各器官系统不能在长时间内保持均匀的工作能力，这种能力具有周期性变化的特点。其周期有时为24小时，或更长时间。人们发现：每个人的心跳快慢、体温、肌肉收缩力量及激素分泌等都有明显的昼夜节律，即随着白天和黑夜的交替，上述生理指标也发生变化。显然，这些变化会直接影响人的生理心理机能。

瑞典一企业在研究事故的原因时，仔细观察了人的工作能力在24小时内的变化，结果表明，人的工作能力的波动与实验证明的人体植物性生理节律是一致的，如图2-1所示。

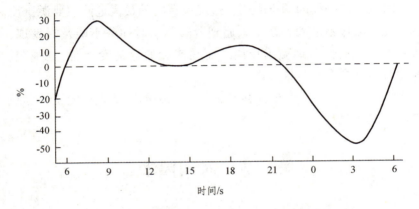

图2-1 人在24小时内工作能力曲线图

曲线表明，在24小时周期内，出现两个高峰（最高点在上午8时到9时，随后第二个高峰在下午19时左右）和两个低谷（第一个低谷在14时许，而凌晨3时左右降到最低点）。总的情况是：人的最高的工作能力出现在上午时间内，而在夜间工作能力则急剧下降。许多研究表明，事故的发生与人的昼夜工作能力的波动曲线是相应的。例如，火车驾驶员的错误刹车操作与驾驶员24小时昼夜生理节律密切相关。显示屏（荧光屏）监测人员的信号侦察能力也具有昼夜节律性变化。医院一天中医疗错误的频次变化与医护人员轮班制的时间节奏十分一致。国内某煤气公司对10年中三班工人检查煤气表的差错率所做的统计表明，错误的发生率与人一天24小时内人体机能的下降变化惊人的一致。这些事实表明，昼夜生理节律是事故的一个潜在原因。

二、事故发生频次的昼夜分布和一年中的月份分布

1. 事故发生频次的昼夜分布

根据对某煤矿企业历年发生的 325 起事故（主要是重伤、死亡和重大经济损失事故）的昼夜频次分布进行了统计，其结果见表 2－4。

表 2－4　某矿区煤矿事故在 24 小时内的频次分布

时间	6	7	8	9	10	11	12	13	14	15	16	17
事故数	14	8	15	23	16	14	12	14	20	6	13	15
时间	18	19	20	21	22	23	0	1	2	3	4	5
事故数	11	11	9	8	8	11	22	15	16	18	17	9

注：表中的时间数字表示以该数字为起点的 60 分钟的时间段，如 "6" 表示 6：00～7：00 的时间段

从表中可以看出，在一日 24 小时内，事故频次分布很不均匀，并大致呈现三个事故多发时间，即上午 9 时前后、14 时和 0 时。另外，凌晨 3 时前后亦分布较多，国外有人曾把凌晨 3 时左右发生事故较多的现象称之为 "魔鬼的凌晨 3 点"。

2. 事故在一年内各个月份的频次分布

前面所述 325 起事故发生的月份记载见表 2－5。

表 2－5　某企业生产事故在一年中各月份的频次分布

月份	1	2	3	4	5	6	7	8	9	10	11	12
事故数	27	23	25	17	51	32	29	31	18	35	13	24

从表 2－5 的结果可以看到，不同月份之间事故发生的次数差异很大。全年中 5、10 两个月份事故发生率最高；6、7、8 三个月份持续在较高的水平上，事故发生率最低的月份为 4、9、11 三个

月，相当于5、10两个月份的1/4～1/2；其他四个月份则在中等水平。据统计，在一般工业行业中，一年中事故发生的规律是：6、7、8三个高温月份和12、1两个受年底和春节影响的月份事故发生率较高，其他月份则相对较低。

第三节　睡眠与酒精因素

一、睡眠失调

1. 人类觉醒与睡眠的节律

人的一生约有1/3的时间在睡眠中度过，可见睡眠对人类生命活动的重要性和必要性。人在觉醒状态下工作、学习和劳动之后所产生的脑力、体力的疲劳，必须经过充足的睡眠才能得以解除。许多研究认为，睡眠除了保证人体的生理功能的正常进行外，还与注意、学习和记忆等心理功能有关。同时，睡眠对于保持健康的情绪和适应社会环境等方面也有一定作用。人类活动是"昼行性"的，世世代代习惯于"日出而作、日落而息"的生活规律，这种昼夜间觉醒与睡眠的交替在人类相当长的进化历程中已成为固定化的行为和生理模式，并已受人体"生物钟"的内在控制，而不是简单地与白天的光照和夜晚的黑暗相联系。人类这种觉醒和睡眠的交替是人脑活动的节律，这种节律与人体多种功能所呈现的规律一样的，是以一个昼夜为周期的。但是，在人们的日常生活和工作中，各种外界（如倒班工作）和内在（如生理和精神的病理状态）的原因都可以在某种程度上引起人脑活动昼夜节律的破坏，即觉醒与睡眠关系的失调（简称睡眠失调）。而这种失调又会对人的生理和心理产生不利影响，并会增加人在劳动活动中的心理和行为的不稳定性。

2. 倒班工作对睡眠及生理心理的影响

轮班工作已被认为是引起睡眠紊乱的主要因素。轮班工人睡眠紊乱的发生率为 10%～90%（通常在 50% 以上），而日班工人只有 6%～20%。随着工业现代化的发展，从事倒班工作和夜间服务的人将越来越多。倒班的方式多种多样，有昼夜三班制，昼夜两班制，还有少数昼夜四班制（所谓四六制），等等。有的白班夜班一周轮换一次，有的连续工作 24 小时后休息几天等。但无论哪种方式的倒班，都要与正常的睡眠发生冲突，这种觉醒和睡眠正常节律的破坏，对安全生产和职工的身心健康都有不同程度的影响。大量研究表明，倒班工作与某些功能性疾病有关系。其中，主要的功能性疾病是肠胃病、睡眠失调和神经系统功能紊乱，有时可能产生轻度的头痛、神经过敏、手颤、注意力集中困难等。这些大都对安全生产有不利影响。

尽管倒班工作对人体是不利的，但目前又不可能废除。所以企业应尽量做到倒班合理化，把不利影响降到最小的程度。有人经过研究提出以下几点建议：

（1）慢倒班，每周最快倒一次班。

（2）顺时倒班，上过早班之后适宜换中班，而不宜换夜班。

（3）两班之间最好有一段时间休息，不宜接连下去。

（4）改变就餐时间。早班就餐时间可安排为 7 时、12 时、18 时；中班就餐时间为 15 时、20 时和夜间 2 时；夜班就餐时间为 23 时、凌晨 4 时和上午 10 时。

3. 睡眠不足及其对安全生产的影响

睡眠不足对生产安全有着严重的不利影响，它导致工人的生理和心理功能明显下降或紊乱，从而导致工作失误和事故的发生。根据对许多由于睡眠不足导致的事故的分析得出结论，在睡眠不足的状态下，易发生下列变化：

（1）注意力集中困难，以致不能全面了解操作系统的情况，忘掉作业程序中的某些环节或出现多余动作。

（2）感觉、知觉迟钝，甚至发生错觉，思想混乱，动作准确性降低，即使努力加以控制也难以做到，有力不从心之感。

（3）意识清醒程度（觉醒水平）下降，疲乏无力以致出现打瞌睡的情况。睡眠不足特别是由此造成的瞌睡状态，是很多事故的直接原因。

二、意识觉醒水平与作业可靠度

意识觉醒水平是指人脑清醒的程度。意识层次理论将大脑意识水平分为五个层次，并根据研究给出了其相应的可靠度水平（最大值为1），见表2-6，认为人的内在状态可以用意识水平或大脑觉醒水平来衡量。人处于不同觉醒水平时，其行为的可靠性是有很大差别的。人处于0级状态如睡眠状态时，大脑的觉醒水平极低，不能进行任何作业活动，一切行为都失去了可靠性。处于第Ⅰ层次状态时，大脑活动水平低下，反应迟钝，易于发生人为失误或差错。处于第Ⅱ、Ⅲ层次时，均属于正常状态，层次Ⅱ是意识的松弛阶段，大脑大部分时间处于这一状态，是人进行一般作业时大脑的觉醒状态，并应以此状态为准，设计仪表、信息显示装置等；层次Ⅲ是意识的清醒阶段，在此状态下，大脑处理信息的能力、准确决策能力、创造能力都很强，此时，人的可靠性比层次Ⅰ时高十万倍，几乎不发生差错。因此，重要的决策应在此状态下进行，但该状态不能持续很长的时间。第Ⅳ层次为超常状态，如工厂大型设备出现故障时，操作人员的意识水平处于异常兴奋、紧张状态。此时，人的可靠性明显降低，因此应预先设计紧急状态时的对策，并尽可能在重要设备上设置自动处理装置。

表2-6 可靠度水平表

层次等级	意识水平	对注意的作用	生理状态	可靠度
0	无意识，神志昏迷	零	睡眠、癫痫发作	0
I	正常以下，恍惚	不起作用，迟钝	疲劳、单调、打瞌睡、醉酒	<0.9
II	正常，放松	被动的，内向的	平静起居、休息，常规作业	0.99~0.999 99
III	正常，明快	主动积极的，注意范围广，注意集中于一点	积极活动时的状态	>0.999 999
IV	超常，极度兴奋、激动	判断停止	紧急防卫时的反应，慌张以至惊慌	<0.9

三、酒精造成的心理危害及对安全的影响

酒精既是历史悠久、普遍使用的药物，又是具有药理效应的食物。科学实验的结果却表明，它是一种抑制剂。在酒精的影响下，人们常出现以下反应：

（1）感觉迟钝，观察能力下降。

（2）记忆力下降。

（3）责任感低，草率行事。

（4）判断能力下降，出错率高。

（5）动作协调性下降，动作粗猛。

（6）视听能力下降，易出现幻象和错听。

（7）语言表达能力下降。

（8）情绪波动较大，攻击性强。

（9）自我意识缺乏，易冒险。

（10）易患缺氧症。

国外的大量研究表明，随着血液酒精浓度的增加，人的操纵能力逐渐降低，对安全作业的影响很大。

第四节　社会心理因素

安全生产需要劳动者在稳定的情绪、平静的心境下集中精力地工作。可是，人每天都生活在复杂的社会环境之中，不断与外界社会进行相互作用，几乎时刻都在与他人进行着各种形式的交往或联系。其间，社会人际关系不良、家庭冲突或各种生活事件等问题会经常发生。因此，对个体来说也就时常会产生各种复杂的心理冲突、挫折和沮丧或令人兴奋之事。在劳动过程中，对不少人来说，很难把这些心理矛盾和各种杂念全部排除在工作之外，以致造成分心或反应迟钝等情况，从而使作业失误增加、不安全行为增多，甚至导致事故的发生。

一、人际关系

1. 人际关系的概念

人际关系属于社会关系的范畴，是人们在相互交往中发生、发展和建立起来的心理上的关系。人际关系贯穿于社会生活的各个方面，是社会与个人直接联系的媒介，是人们进行社会交往的基础，是人们参加生产劳动、学习和日常生活及各种社会活动所不可缺少的。不同的人际关系会引起不同的情绪体验。良好的人际关系会使人感到心情舒畅、工作积极性提高。相反，如果人与人之间发生了矛盾和冲突，一时又没有妥善解决，双方就会产生冷淡、敌视、忧虑或苦闷等心理状态。这除了会影响个人的身心健康之外，还会导致人在劳动活动中心理和行为的不稳定，对劳动安全来说，是一个极为不利的因素。国外许多研究证明，在不良的人际关系环境中工作，发生事故的概率比正常条件下要高，特别是上、下级关系紧张的地方，更容易发生事故。对个体人际关系的研究认为，与上级有对立情绪、与同事矛盾重重、与下级关系紧张的个体容易发生事故。

2. 劳动群体中的人际冲突

人际冲突是指两个群体之间或个人之间在行为上的对立和争执等。人际冲突的原因主要有以下几个方面：

（1）由认识原因产生的冲突。这是指人们由于认识、经验、观点及态度的不同，对同一事物产生不同的认识而造成的冲突。

（2）目标对立。这是指人们的活动目标对立。在企业劳动组织中，每一个劳动者参加劳动的目标都应该是：遵守企业规章制度、创造更多的符合社会需要的产品，同时提高自己的生活水平。但有时候，部门与部门、个人与组织、个人与个人之间的目标可能出现对立的状况，因此也就容易导致冲突。

（3）需要对象的异同。每个劳动者都经常会有各种各样的需要，他的需要对象可能与别人相同，也可能不同。如果双方需要相同，而可供对象又不能同时满足双方的需要时，由于一方的获得势必造成另一方失去，就可能导致冲突，如在晋升职称、增加工资、分配住房以及生活习惯形成的需要等方面都可能形成这类冲突。

（4）攀比心理。在劳动任务的分配、报酬的支付以及福利待遇等方面都可能产生攀比心理，并进而发生冲突。

（5）嫉妒心理。嫉妒是一种常见的病态心理，是发现自己的才能、名誉、地位或境遇等方面不如他人时产生的（羞愧、愤怒、怨恨等）心理现象。嫉妒心理较多发生于个人情况（包括能力、地位等）差别不大的人之间，这种心理的危害性在于对他人实施攻击、诋毁等行为，从而引发人际冲突。

（6）由于小矛盾或潜在的不和未能及时疏通和解决，缺乏沟通而使误会不能消除等原因，也会导致冲突的发生。

（7）管理上机构职责分工不明、有事无人负责，出了问题互相推诿、扯皮，也容易造成群体或个人之间的冲突。

（8）分配不当。这是一个很普遍的问题，例如，在工作或劳动任务的分配、报酬的分配，或精神奖励、表扬等方面不公时，都可能引起冲突。

（9）非正式群体。形成非正式群体的主要原因在于利益联系，情趣相投、认识偏见等。非正式群体容易产生排他性，与非正式群体之外的群体或个人易发生冲突。

3. 正确解决和处理冲突

为正确解决和处理冲突，建议做好以下工作：

（1）正确认识冲突。有时冲突并非全是坏事，也有其有利的一方面，如在处理生产中的技术与安全问题或某项建设性意见上，由于观点不一致造成争论冲突，经过协商或讨论，有利于分清是非，正确决策，这种冲突只要不发展成个人攻击，我们就应该让它存在并正确引导。相反，如果一味压制冲突，只求表面上的协调和平静，到会导致更深的隐蔽性的冲突，这样对工作、生产更为不利。它会造成互相不合作，对他人或对其他群体不负责任，暗中拆台等。

（2）加强思想政治工作，提高人们的思想觉悟，建立协调和睦的人际关系。其特征是平等、互相尊重、团结友爱和相互帮助。共同的利益、事业，共同的理想、信念和道德观等是这种人际关系的基础。

（3）管理上的充分民主化和合理化。管理者应以公平合理的原则处理一切问题。如管理人员应充分发扬民主，不搞家长作风，虚心听取下级和广大群众的意见，做到上下沟通融洽，建立良好的上下级关系，在用人、分配及劳动管理上要公平合理。

（4）解决矛盾、缓和矛盾。首先应分清矛盾冲突的性质，然后分别采用不同的方法进行解决。对于涉及法律的性质严重的矛盾冲突，应运用法律手段请司法部门解决。属于道德范围的要采用惩罚与教育相结合的方法解决。属于一般性的争论，要分清是非，达成一致意见，或采用缓和、调解的方法达成相互妥协。而对于生活小事引起的矛盾应劝导其互相谅解、忍让、言和。

二、家庭关系

1. 家庭关系与安全生产

家庭关系即家庭中的人际关系，是指家庭成员之间的相互关系。家庭关系是人们日常生活中最重要的人际关系，几乎每个人一生中都在一定的家庭中生活，人们每天除工作、学习外大部分时间都在家庭中度过。因此，家庭中的人际关系好坏，对一个人的影响极大。更重要的是，家庭还是人们调节情绪和消除疲劳的场所。如果家庭关系和睦，人干完一天的繁忙工作，回到家里就能得到休息和调养，以恢复体力和精力，有利于第二天的工作。有时在工作单位里遇到不顺心的事情而心情烦闷，在家里通过向爱人或父母诉说，会得到安慰和劝解，情绪上就会平静下来。但如果家庭关系不好，整天闹矛盾，不但起不到缓解作用，反而会使烦恼加深，以致劳动者在工作中亦表现为情绪消极，不能集中注意于手头的工作，易于发生事故。在实际工作中，由于家庭矛盾造成情绪郁闷而导致发生人身伤亡事故的案例比较常见。

2. 家庭矛盾的一般原因及其解决方法

家庭矛盾一般来说由下面一些原因引起：如性格不合，缺乏共同的人生观，为人处世方面的差异；自私、埋怨、缺乏理解和互相不尊重；子女教育及就业问题；家务分工、经济开支问题；令对方厌恶的习惯、嗜好等。对每个家庭来说，家庭矛盾几乎都是不可避免的，家庭关系是否能够经常维持良好的状态，关键是能否较好地处理和解决矛盾。一般来说，家庭矛盾的解决可遵循以下方法或原则：

（1）家庭矛盾的解决要遵循互谅互让的原则。

（2）互相体谅对方的难处，多做一些有益于对方的事，注意发现对方的长处、优点或正确之处，以求得理解和尊重，共同促成矛盾的缓和解决。

（3）凡事不要算旧账，要就事论事，不要攻击对方的弱点和易受伤害处，更不要互相辱骂。

三、生活事件

生活事件是指个体生活中发生的需要一定心理适应的事件。包括负性事件和正性事件，并引起人情绪的波动。在工作和生活中，有许许多多的事件会使人们的情绪发生较大的波动，如亲友亡故、夫妻分离、工作变化，等等。这些事件无疑会对劳动者的作业可靠性产生不利影响。某研究者在 1970 年对美国 410 个离婚的司机做过一个调查统计，发现他们在离婚的前 6 个月和后 6 个月这一期间，事故率和违章驾驶次数要比普通司机大得多，尤其在前后 3 个月中更为明显。

四、节假日

在节假日前后，比较容易发生事故，似乎已成为一个普遍的现象。比如，有的人过几天就要结婚了，在回家办喜事之前偏偏出了事故。家远的职工，在回家探亲前或者刚回来上班这些时间里，有时也容易出事故。更有退休前的最后一个班，以及接到信息回家奔丧，或请假探望重病的父母或家人等前后而发生事故的情况。在节假日前后，由于与假日有关的事情会在劳动者的头脑中起干扰作用，使他们在劳动过程中容易注意分散，情绪不稳定。假日前，人们常会盘算着如何安排假日生活、和家人团聚以及走亲访友等。假期之后，假期中有关事件的印象还未在头脑中消失，特别是一些令人兴奋或令人烦恼的事情，更不会在头脑中立即烟消云散，因此会造成劳动者思想不容易马上转移到工作上来。很显然，这些情况都会对安全生产产生不利影响。不同生产现场的安全隐患较多，客观上要求每个劳动者必须集中精力工作。因此，在职工喜庆、婚丧、节假日前后，作为一个单位的领导者特别是基层管理干部要及时做好思想工作，提醒职工要在离队前和归队后排除一切外在干扰，将全部精力投入到工作中。除此之外，在指挥生产、安排任务时，也要考虑采取有关措施，如安排较安全的工作，或派人与之配合监护等。作为职工个人，更要努力控制自己，在工作中绝不想工作以外的事情，以防患于未然。

第三章　作业行为与安全

第一节　不安全操作行为的一般表现与心理分析

如果企业的管理者能够把安全心理学的研究成果引入安全管理中，企业的安全管理工作不仅会具有严肃性，也会带有较多的人情味和感情色彩。从而不断增强职工的安全意识，丰富安全知识，提高安全技能和自我防范能力，使安全管理工作由被动转为主动。

以交通事故为例，我国多年来每年因交通事故死亡人数均在十万人左右，居世界第一。平均每5分钟就有一人丧生车轮下，每分钟都会有一人因为交通事故而伤残。在对交通事故进行分析时，人们往往更注重驾驶员的技术和对交通规则的遵守，而忽略了心理因素的作用。实际上，相对于技术因素，人的心理状态对安全隐患的影响更重要。

人的心理状态对安全隐患的影响非常重要，激动的情绪，无论是正面的还是负面的，都不利于安全。因此，无论是哪种个性特征的人，都应该正确认识自己的性格特点，做到稳定情绪。在心情激动的时候注意加以调节，或者滞后再操作。越是容易情绪化的人，越应注意操作时的心理平衡。

因此，对从业人员进行安全心理调节能力的培养，是必不可少的环节。从业人员掌握心理状态自我调整的技巧，找到容易引发事故的因素并及时自我纠正完善，能在很大程度上避免事故的发生。

不安全操作行为一般又称为违章操作行为，简称违章。下面对违章操作行为进行分析。

一、违章的特点和危害性

1. 违章的特点

（1）大部分违章没有直接后果或没有显见后果，违章带有普遍性。

（2）有意违章与无意违章比较难区分（尽管本人是清楚的）。

（3）违章后果有潜在性，违章操作有较大潜在风险。某个违章当时可能没有后果，但它可能与其他违章或以后的违章在一定的条件下巧合成事故；违章操作与系统内已经存在的设计缺陷、施工缺陷等巧合成事故。

（4）违章动机和效果存在不一致性，情境违章更为明显。有时好的动机却带来严重后果，如监护人离开监护岗位去帮助操作人员操作而导致事故。

（5）任何年龄、任何工龄、任何工种的人都可能违章，而且还可能重复同样的违章，可以说凡是人都可能违章。

2. 违章的危害性

违章的危害不仅在于引起事故后对人身安全及设备造成的直接伤害，更严重的危害性在于给企业带来的潜在风险与间接危害。操作者会因大部分违章没有直接后果或没有明显后果而存侥幸心理，管理者会因此而放松管理，使违章总是难以杜绝，甚至发展成为习惯性违章，给企业带来极大的风险。违章后果的潜在性不仅会给本企业带来后患，甚至给相关企业带来灾难。

二、违章发生的规律

违章属于随机事件，所以违章的具体发生是很难预测的。但是，随机事件也有规律可循，从大量违章事件统计分析，可以得出如下规律。

1. 违章的多发时间

（1）节假日及其前后。这时操作人员思想受干扰多，工作时注意力容易分散。

（2）交接班前后。交接班前后的一个邻近时间段，有人称之为"注意力低峰"。交班者注意力放松，接班者还未完全进入"角色"。有时在交班前，为了赶在下班前完成某项任务，草草收尾，因而遗漏某个操作或有意违规，以达到加快完成任务的目的，结果导致严重的事故。在交接班前后，不但容易违章而导致事故，而且一旦发生事故，由于不易做到指挥统一，协调一致，还可能扩大事故。

（3）凌晨03：00～06：00。通常人在凌晨是最容易犯困的，思想较难集中而容易违章。按时间分布的统计结果表明，违章事故的发生率在凌晨03：00～06：00出现峰值，这与职工在此时的生理疲劳有关。

2. 违章的多发作业

（1）高空作业，高层建筑，架桥、大型设备吊装。

（2）地下作业，煤矿井下，地下隧道作业等。

（3）带电作业，在维修行业中，特别是在电气维修中更为普遍（尤其是在电气抢修中）。

（4）有污染的作业，在高噪声、含有毒物质、有放射性物质的环境下作业。

（5）在交叉路口、陡坡、急转弯、闹市区行车，雾天行车或飞机航行。

（6）复杂操作，飞机起飞、着陆过程，复杂系统的启动过程。

（7）单调的监控作业，随着自动化程度的日益提高，许多手工操作由机器完成，人们只起监控作用。在绝大多数情况下，机器是正常运行的，人的工作负荷很小，但又不能离开作业区域或做其他事情，此时非常容易产生心理疲劳从而导致违章。

（8）单独外出作业或工程队外出作业，由于缺乏现场监督而违章。

3.　违章多发当事人本身的因素

（1）违章容易发生在人处于自己生物节律的临界期或低潮期。

（2）责任心和安全意识比较差的人容易违章。

（3）对所从事的工作不感兴趣的人容易违章。

（4）有些违章出于一时的错误闪念。

三、违章操作的表现

违章指挥、违章操作的行为主要有以下一些表现：

（1）骄傲自大、好大喜功。

（2）情绪波动，心神恍惚。

（3）技术不精，遇险惊慌。

（4）思想麻痹，自以为是。

（5）不思进取，盲目从众。

（6）心存侥幸，明知故犯。

（7）懒惰作怪，敷衍了事。

（8）心不在焉，满不在乎。

（9）好奇乱动，无意酿祸。

（10）工作枯燥，厌倦心烦。

四、违章操作行为的心理原因

从事生产的劳动者发生的各种心理过程都带有个人的特点，因为操作行为与操作人员的精神状态、情绪好坏等因素有关，也和操作者的心理特征有关。

1．人的个性心理特征

人的个性心理特征是一个人在心理活动中所表现出来的，比较稳定和经常的特征。每个人的心理特征，正如每个人的面容各不相同，每个人都有自己的心理特征。例如，有人善于学习，掌握科学技术和生产技能很迅速；有的人对工作细心、认真、一丝不苟，有人干活则粗枝大叶，马马虎虎；有人沉着、稳重、老练，有人则轻浮、急躁、冒失。人的某些生理特征，如反应迅速、手的灵巧程度、视力、体力、某些生理缺陷、疾病、疲劳等，都是影响安全的因素。

2．违章操作的心理状态

一般来说，导致事故发生的原因，归纳起来不外乎外因和内因两个方面。外因包括设备情况、预防措施、保护用品、环境温度、照明条件等。内因则包括操作人员的技术、心理活动或精神状态等方面不符合安全作业的要求。从统计调查资料中，可发现在工业企业中发生的事故，70%～80%是由于操作人员的操作行为发生错误或违章操作引起的，而人的行为是由人的心理状态支配的。所以，要研究和分析事故的内因，就必须研究和分析发生事故时操作人员的心理状态。

在事故发生之前，操作人员的心理状态有如下几种情况：

（1）麻痹大意。例如，由于是经常干的工作，所以操作者习以为常，并不感到有什么危险，"这种工作已经做过多少次，无所谓"，没有注意到反常现象等。在这些心理状态的支配下，操作人员就凭印象，毫不怀疑地根据过去的经验开始了作业，但结果是发生了事故。有时候由于没有进行日常检查，或在麻痹思想指导下，检查不够详细，出现了与预料的情况相反的状况，由于事发突然，就会因惊慌失措、手忙脚乱，而酿成事故。

（2）精力不集中。操作人员有特别高兴或忧虑的事情使情绪受到极大波动而发生事故，例如和同事、家属发生过争执，夫妻不和睦而心理不痛快，受批评而有情绪，或遇到特别高兴的事，感情冲动，思想不能集中，或忘记了按照操作程序进行作业，结果导致事故的发生。

（3）技术生疏。这种情况的心理状态通常是由于技术不熟练，遇事应变、应急能力差而造成的。有些操作者能力不强，但又很自负，他们没有足够的经验，却又过分自信，不能虚心求教，主动学习，存在着怕损害了自己自尊心的心理状态。结果在这种思想的支配下，最终导致了事故。另一种心理状态是：虽然注意到了反常情况，但相信以往经验。尽管在这种情况下，操作人员本身注意到了反常状态，但由于骄傲自满的情绪，相信自己考虑的方法是正确的，结果也就造成了事故。

（4）过分依赖他人。这类情况中，多数是在与他人共同作业时，自己不积极主动，不严格按照自己应承担的操作项目和操作规程进行，而总是图省事、省力，想依赖他人，侥幸取胜，结果导致了事故的发生。

（5）紧张导致判断错误。操作人员由于某些原因使心情紧张，对外界情况没有正确的反映，是在急急忙忙地操作中发生的事故。因为在心情紧张时，注意力分配会产生偏差，顾此失彼，忙中出错。

第二节　违章操作行为分析

一般来讲，违章可以分为无意违章与有意违章两类，分析这两类违章行为有助于找到违章的各类根源，从而减少违章行为。

一、无意违反安全操作规程的原因分析

1. 无意违反安全操作规程的行为原因

（1）劳动环境差和超负荷工作造成的身心疲劳。在生产条件差、劳动环境恶劣的情况下，经常超负荷工作，会导致人的生物节律紊乱，生理功能出现障碍。有时尽快完成任务、结束疲劳状态的欲望成为第一需要，操作中行动匆忙、草率，对事故苗头反应迟钝。

（2）不良的社会环境和家庭矛盾造成的力不从心。生产、生活中不良因素的影响会导致人的情绪波动。当人的情绪处于兴奋状态时，人的思维与动作较敏捷，处于抑制状态时，显得迟缓，处于某种极端状态时，往往有反常的举动，上述情况均可能造成违规行为的发生。

（3）具有精神疾病和其他疾病的人的无意违规行为。患有精神疾患的人，对自己的行动无法进行正确的判断，不能允许其进入操作岗位。对于偶发精神疾患未能及时发现的患者，可能造成无意违规引发安全事故。另外，偶发的身体不适，因各器官之间缺乏协调，会造成注意力分散，自控能力下降，也可能无意违规，导致安全事故的发生。

2. 无意违章的心理原因

（1）认知不良。由于对规程、设备、系统运行情况的理解、判断错误而导致的违章行为或违章操作，或是由于缺乏某些相关

专业知识或缺乏经验而导致的违章行为或违章操作，而违章者主观上误以为符合规章。

（2）过失。由于疏忽、遗忘导致了违反规章或操作规程，是事实上的违章，但违章者本人当时并没有意识到。如忘记某个操作步骤，记错操作方向，忘记系安全带，维修工作结束后忘拆除临时装置等。

（3）不良的性格特点。性格是一个人对现实比较稳定的态度和与之相应的习惯行为方式。有的人性格行为反应迅速，精力充沛，但好逞强、爱发脾气，情绪波动大，相比之下，就易于发生事故。

总之，无意违章主要是由个人难以直接控制的因素造成的。

二、有意违反安全操作规程的原因分析

1. 有意违章者的心理影响因素

（1）违章者认为自己追求的是以最小代价得到最大的效果。这是人们普遍存在的心理现象，所以违章有存在的基础。

（2）违章者主观认为省时省力的做法。例如，不系安全带操作比系安全带操作更为方便、灵活。同样，不戴安全帽操作，也更方便、舒服；省去规程中规定的检查步骤节省时间；维修任务完成之后，不清点工具自然也省力省时。

（3）违章并非一定导致事故。例如，不戴安全帽进现场，不一定被砸伤；不系安全带操作，不一定会坠落；维修时把小工具放在口袋里，不一定会掉到设备里；某些操作并非没有人监护就一定会出事故。这些现象大家都习以为常，在没有受到指责或处理的情况下，违章者主观认为没有风险。

除此之外，现有的规程和规章制度存在缺陷。这些也是违章者不愿遵守规程的客观原因。

2. 对有意违章任职和判断问题的分析

（1）违章者的错误就在于把违章的风险和违章导致事故发生的概率等同起来。我们知道，风险等于事故严重程度与事故概率的乘积。也就是说，即使该事故发生的概率很小，其风险也是不容许忽视的。以不戴安全帽为例：不戴安全帽进现场，不一定会被砸伤，但是一旦被砸，砸伤（砸死）是必然的，其风险不能不考虑。有的违章操作甚至可以导致灾难性的后果，例如，前苏联切尔诺贝利核电站1986年的核泄漏事故，其主要原因就是由于违章操作，尽管这种事故发生概率极小。所以，违章导致事故的概率小，不等于风险小，违章者自认为风险不大的主观判断，事实上是错误的。

（2）违章者把个人需要与组织（或企业）需要等价对待。按规程操作来完成任务是企业安全的需要，与个人的各种需要是不等价的。任何个人的需要如果与企业的安全需要发生矛盾，应必须放弃个人需要，认识这一点是保证不违章的前提。

（3）违章者衡量代价与效果的标准不对。违章者认为自己追求的是以最小代价得到最大效果，但是违章者没有考虑，衡量代价与效果的标准不是个人的得失而是他人或集体的安危，也包括自己的安全。如果能以最小代价保证安全、高效，那当然是应该充分肯定的，如果因为个人方便而导致事故，那将是不能饶恕的。

（4）违章者没有考虑违章操作的潜在风险。违章操作的潜在风险很大，特别是在维修作业中违章操作的潜在风险更大。具体体现在两个方面。

① 维修操作中常出现的一些违章行为，其后果不是马上出现的，事故往往发生在事后。如设备检修完毕之后，螺钉没有拧紧，没有检查或检查不细致，就有可能在设备投入运行后发生颤动或故障，影响系统运行质量甚至导致事故。维修结束后，维修操作

时移动的电线或电缆，或因维修需要而专门设置的临时控制装置没有复位，就有可能改变原有系统的运转状态，从而导致设备再投入运行时发生事故。遮拦移动之后没有复位，也有可能导致其他人误入危险区，等等。

② 由于维修人员对将要进行维修的设备或系统以及现场情况不像运行人员那样熟悉，或是缺乏相关知识，因而现场维修人员不容易事先估计到设备运行中的不安全因素，特别是在设备抢修时，如果违章操作，就有可能导致事故。

（5）违章者认为最便捷、省力的做法最佳。对于一些必须每完成一步就要进行检查的操作，违章者为图省事直到最后工序结束前才检查，常常就造成了全部返工。有时甚至造成不可挽回的事故。

上述主观认识和主观判断导致了有意违章者的错误行为，使有意违章不断发生，甚至重复发生。

第三节　解决违章行为的心理学方法

事故教训告诫我们：一个人的心理特点很重要，对行为安全有直接关系。因此，每个职工与各级管理人员必须重视与安全有关的心理问题。要采取有效措施，提高职工从心理上控制自己行为的能力，做到行为安全，万无一失。

一、用心理学方法解决违章操作行为的必要性

（1）采用科学的用人机制。

我国企业的管理模式对于用人机制的科学性、规范性研究较少。人作为最活跃的生产力要素，具有最大的潜力，如果不进行科学的发掘，将是极大的损失。

（2）提高管理人员的思想认识。

（3）加强对员工心理素质的发掘和培养。

改善安全管理的效果，除了教育培训外，可以考虑使用心理学手段，来了解人的基本能力素质和个性特征。然后有针对性地培养员工的心理素质，防止各类违章操作行为的发生。

二、违章管理的基本原则

（1）控制违章风险，减少违章行为。

（2）提高管理者的管理水平。

三、违章的系统管理

（1）从分析违章行为的客观原因着手。

（2）加强教育、培训，提高思想认识。

① 要使操作人员建立安全的基本概念，树立风险意识。

② 使操作人员了解企业的需要和企业的目标。

③ 对违章人员的培训要多采用互动式教学法，畅所欲言，达成共识。

（3）改进操作方法，改善安全防护措施和设施。

杜绝违章是个系统工程，因此，除了培训、教育以外还必须从其他方面也采取措施。如定期组织规程编写人、执行人（包括违章者）以及安全监管人员对规程的正确性、准确性、表达方式等进行审评；对具体操作方法和步骤、安全防护措施进行广泛讨论；改进或改善安全防护设施和设备。

（4）完善检查、监督机制和奖惩制度。

任何措施均不可能是尽善尽美的，特别是受资金和科技水平的限制，任何措施、设施和方法的改进都不可能完全满足操作者的要求。所以，要加强检查、核查和监护。一旦发现违章行为立即采取措施补救，对造成事故的，要追究个人责任，对由于有意违章而导致事故者要严肃处理。同时，要奖励遵章守纪、对安全工作有突出贡献者。上述各项管理措施基础上的监督和奖惩，不是简单地管、卡、压，而是符合安全心理学的纪律教育和榜样示范。

（5）尽可能采用防错、容错措施。

人的行为的可靠性是很难预测的，尽管上述措施都能减少违章的发生，但这些措施都不能保证违章不再出现，所以需要越多越好的防错、容错措施。例如，提高操作规程的可操作性；强化按照规程进行操作的训练，强化对重要操作进行监护的训练；定期检查危险点、危险源，并为操作者熟知，而不敢轻易违章。

（6）培育良好的安全文化氛围。

企业内外对违章的态度以及重视安全的思想氛围，对违章者的行为有很大的影响。虽然违章发生在个人身上，但它不是一个孤立的事件，如果周围的人都有很强的安全意识、责任意识、法律意识，都把违章视为绝对不可容忍的行为，都有良好的按规程操作的习惯，那么违章操作就没有生存的土壤。所以，必须培育安全文化氛围，加强和提高安全责任意识和法律意识。这是最根本、最有效的措施，需要长期坚持。这种文化得以延续、发扬，就能逐步掌握违章的规律，积累防违章的经验，最终使违章的风险趋于零。

第四节 特种作业行为分析

一、行为的含义

人的行为是由一定刺激物引起的，即刺激物通过感觉神经，将信息传给大脑，经大脑分析判断后，立即产生相应的意识，并通过具体的动作加以完成。

二、个体行为的差异和共同特征

(一)个体行为的差异

相同的行为可来自不同的原因,相同的刺激或情境却可以产生不同的行为,这主要取决于个体的差异。造成个体行为差异的主要原因有以下几个方面:

1. 遗传因素

人的智力因素受遗传因素影响因人而异,少者占30%(即影响该人智商高低的因素30%来自遗传),多者达90%。因此,由遗传因素所决定的行为往往很难改变。

2. 环境因素

环境是对人的行为影响最大的因素,主要表现在以下几个方面:

(1)家庭。家庭对人的行为有明显深刻的影响。如若家庭关系处理得不好,因情绪波动而导致不安全行为,常是发生事故的主要原因。

(2)教育。人所受的教育不同,知识水平的不同,对危险的预知和洞察能力也有不同,因此也导致在安全行为上表现出个体差异。

(3)工作环境。

(4)社会经历。

(5)文化背景。文化背景不同,在一定程度上影响了人的观念和价值取向。

3. 心理因素

心理因素主要指我们前面所讲的心理过程和个性心理。心理过程虽是人类共有的心理现象,但具体到个体而言,却往往表现出种种不同特征，因而造成个体行为的不同。再者，由于个人的能力、性格、气质不同，需要、动机、兴趣、理想、信念、世界观不同，便构成了个体不同的特征。因而决定了每个人都有自己的行为模式，从而给行为带来千差万别的个体差异。

4. 生理因素

人的身体状况不同，使得安全行为也有很大差异。如机车乘务员需通过眼睛瞭望观察，在不同的作业环境条件下快速地辨别各种颜色的信号和物体，若两眼远视力、色觉、视野、视力、立体视力、动视力、夜视力、深视力这些指标中某项不合格，那将是危险的，可能会因瞭望观察的错误或不及时而发生事故。

由于每个人的上述因素各异，因此，人的行为（包括安全行为）也必然有所不同，从而表现出个体差异的特点。

（二）人的行为的共同特征

人的行为虽然在个体之间有千差万别，但存在着以下共同特征。

1. 捷径反应

在日常生活和工作中，人往往表现出捷径反应，即为了少消耗能量又能取得最好效果而采用最短距离行为。

2. 独处的个人空间行为

心理学家发现，人类有"个人空间"的行为特征，这个空间以自己的躯体为中心，与他人保持一定的距离，当空间受到侵犯时，会有回避、尴尬、狼狈等反应，有时会引起不快、口角和争斗。

3. 躲避行为

人们在生产场所表现出来的躲避行为可以分为以下几种类型：

（1）对落下物品的躲避。

（2）对前方飞来物品的躲避。

（3）逃离行为。

4．从众行为

人遇到突然事件时，许多人往往难以判断事态和采取行动，因而使自己的态度和行为与周围的遭遇者保持一致，这种随大流的行为称为从众行为或同步行为。

5．非语言交流

靠姿势及表情而不用语言传递意愿的行为称为非语言交流（也称体态交流）。人表达思想感情的方式，除了语言、文字、音乐、艺术外，还可以用表情和姿势来表达，这也是一种行为。据体语学创始人伯德惠斯戴尔的说法，人脸可以做出 25 万种不同的表情；还有人指出人体可以做出 1 000 多种姿势。因此，可根据人的表情和姿势来分析人的心理活动。

三、特种作业行为特性分析

作业中的行为是外显的、可以观察到的，甚至是通过各种操作规程和技术规范来明确加以规定的。可以说，作业行为的实质是机车设备、作业环境、作业者的反应之间的函数。因此，要分析作业过程中的行为，就必须考虑机车设备、作业环境和作业者的反应。

（一）作业行为与安全行为的概念

作业行为是指作业过程中为完成作业任务所形成的行为。作业行为是规范的行为，绝大多数作业行为都必须经过专门的培训才能形成和固定下来。

研究表明，在机器和作业人员之间、作业人员之间，作业者可以通过作业行为的合理分配来提高工作效率。但同时作业行为也带来了效率与安全这个无法回避的问题。

许多作业行为由于本身的单调、重复、模式化及行为对象

（机车设备）本身的特性，不可避免地带来了许多心理和行为的异常状态。而这些异常状态恰恰是产生事故的重要根源。

（二）机车乘务作业行为的分类

1. 根据作业类别不同划分

根据作业类别的不同，可分为客、货、调车等类别的作业行为。不同种类的作业差异较大，例如，客车按运行速度划分，可分为高速、准高速、快速和常速等；货物列车也有快速、直货和解货等。不同种类的列车由于重量、长度、速度、制动距离的差异和操作特性的不同，因而形成的作业行为的差异较大。

2. 根据作业行为不同划分

根据作业行为目的的不同，机车乘务作业行为可分为检测行为、操作行为、维修处理行为。所谓检测行为是指机车乘务员在交接班时对机车的各部部件、整体状态的检查和性能实验（如高低压实验）、途中运行或停车时的例行检查；操作行为是指对整个列车（含机车）的操作行为（包括启动、挂车、加速或调速、停车等）；维修处理行为包括机车途中或交班前发生故障时的处理。

3. 根据信息处理过程划分

根据信息处理过程划分，可分为接受、执行、处理、反馈等阶段的信息处理过程行为。机车乘务作业行为从信息处理的角度来看，就是一个复杂而又完整的信息处理过程。从出勤通过眼、耳接受安全行车命令、注意事项开始，到接班检测机车状态，行车过程中瞭望、观察、呼唤应答、车机联控，最后退勤听从调度员的总结结束，作业者都在不断地通过眼、耳、鼻、躯体接受繁多的、不同种类的信息，经大脑判断、通过手脚的不同操作行为执行信息，还要通过不同的方式与不同人员交流信息和反馈信息等。例如通过鸣笛、车机联控等方式发出或反馈信息。

4. 根据作业状态划分

根据作业状态分析，机车乘务作业行为分为正常情况下的作业行为和特殊情况下的作业行为。

虽然机车乘务作业行为大部分为正常操作，但遇特殊情况时也需较熟练的非正常操作。如救援起复、可能妨碍邻线时的处理、分段运行、天气不良时的运行等，机车乘务员要沉着、准确、迅速。若在这类情况下行为不当，就可能将小事故变成大事故。

5. 根据作业行为性质划分

根据作业行为的性质划分，可将机车乘务员的作业行为分为安全行为和不安全行为。安全行为是指人们在作业过程中遵章守纪、标准化作业（符合劳动生产规律的合理行为）并在出现危险和事故时能够保护列车和自身安全的一切行为。

（三）机车乘务作业行为特性

机车乘务作业行为有着明显的行业特性。根据《机车操作规程》的界定，机车乘务作业一次作业过程包括段内作业、出段与挂车、发车准备与发车、途中作业、终点站与退勤等五个环节的内容。

1. 机车乘务作业行为是一个过程

虽然这个过程也具备一般操作过程的"准备—进行—结束"的基本特征，但有着与其他工业操作过程较大的差异。

（1）准备和辅助作业行为所占时间长。如一般货车牵引作业，从段内作业到发车一般要用 2 h 左右，长者甚至 4~5 h，如果加上退勤时间，辅助作业总时间一般为 1/3~1/4。

（2）系统性强。机车乘务作业行为的过程是一环套一环、环环相扣、紧密相连，且与其他诸多工种（机车调度、整备和检修人员、列检、值班员、调车员、行车调度等）协同关联，形成了较为完整的作业系统。

2．信息复杂、信息量大

仅行车信号的粗略统计：视觉信号就有固定信号、机车信号、移动信号和手信号四类 93 种、显示方式达 230 种以上；听觉信号也有 39 种、鸣示方式 55 种，仅"起动注意信号"一种鸣示方式就有 20 种用途；呼唤应答用语 44 种。

3．动态作业行为特点

其特点主要为：轨道运行、动态作业、动能大、制动距离长、时间制约性强等。

4．作业和生活无规律、管理要求非常严格

由于铁路运行不分昼夜、不管刮风下雨和节假日每天 24 h 不间断的特点，决定了机车乘务作业、吃饭、休息无固定时间、无规律性的特点。还有，值乘前必须充分待乘休息的作业要求，值乘前和出乘在外也不得饮酒，加之每月甚至每周还有规定的学习时间，即使是业余时间，作为机车乘务员的行为自由度也有一定的限制。由于目前其收入和待遇与其他行业相比已明显降低，且半军事化管理的严格程度也高出其他行业，所以就工作和生活压力而言，也是比较大的。

5．环境复杂，危险因素较多，受自然制约性强

机车乘务作业有司机室的微环境，也有从出勤到退勤的各类大环境；既有人造的环境，也有自然的环境。最常见的有：机车或车辆蕴涵的巨大的电能、机械能、热能以及噪声、振动、温度、湿度、超高压电场；自然界的天气不良造成的塌方、路基松软、瞭望距离不够或瞭望困难等。这些环境从不同侧面影响着甚至是制约着机车乘务作业行为。

6．责任重大，工作辛苦

机车乘务员是运输位移的实现者和安全行车信息交会的中心，也是实现安全行车的关键，担负着保证安全运输的重任。有人曾

形象地描述机车乘务员的安全责任，"眼睛观察安全，耳朵听着安全，手中握着安全，心中想着安全"，如果眼睛看不清、耳朵听不对、下手不及时或不准确、心有杂念，就有可能造成事故。

四、机车乘务员作业行为的心理过程

机车乘务员作业行为是一个复杂的心理过程，在这个过程的某一环节出了问题，都可能是引起不安全行为或事故的因素。图3－1给出了一个机车乘务员为了适应外界作业环境而进行作业行为的全部心理过程，这有助于我们准确认知和了解机车乘务员的作业行为，对于其选拔、教育和培训有一定的参考价值。

第五节　人的行为失误概述

一、人的行为失误的概念

（一）失误的概念

失误也称"差错"，是指人的行为结果偏离了规定的目标或超出了可接受的界限，并产生了不良的影响。而人的不安全行为，则是人的失误的特例。

人作为"人－机－环境－管理"这一安全系统的元素，有可靠性问题。当人在规定的条件下和规定的时间内没有实现系统的功能，则称人失误。所以，从系统安全角度，失误是人为地使系统发生故障，或发生机能不全，或与能量意外释放接触，或处于不安全状态环境之中而构成的事故。失误是违背设计、背离管理原则，违反操作规程的错误行为。管理者、监督者的失误，尤其是高层管理人员对系统安全的影响尤为深远。

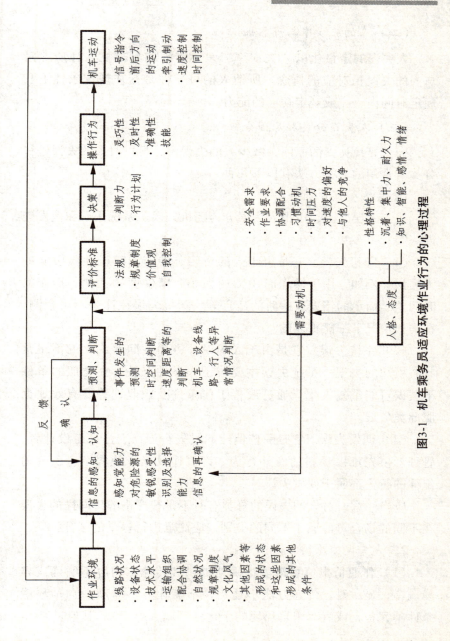

图3-1　机车乘务员适应环境作业行为的心理过程

（二）人的失误率与可靠性

人失误的定量化以"失误率"表示。人的可靠性在性质上是与人的失误相对应的概念。所谓人的可靠性是指在规定条件下和规定时间内，完成规定功能的能力。

（三）人失误分类和原因分析

为了寻找失误的原因，减少人的失误率，可以对人的失误进行分类。常用的分类方法有以下几种：

1. 按人失误原因分类

按人失误原因，可把人失误分为随机失误、系统失误和偶发失误三类。

（1）随机失误。它是由于人的行为、动作的随机性质引起的人失误。例如，用手操作时用力的大小、精确度的变化、操作的时间差、简单的错误或一时的遗忘等。随机失误往往是不可预测、在类似情况下不能重复的。

（2）系统失误。它是由于人的设计方面的问题或人的不正常状态引起的失误。系统失误主要与工作条件有关，在类似的条件下失误可能重复发生。通过改善工作条件及职业训练能有效地克服此类失误。

（3）偶发失误。它是一些偶然的过失行为，它往往是设计者、管理者事先难以预料的意外行为。许多违反操作规程、违反劳动纪律的行为都属于偶发失误。

应当注意，对人的失误的分类有时不是很严格的，同样的失误在不同的场合可能属于不同的类别。应注意进行科学的区分。

2. 人失误的原因

（1）作业情报信息未能正确地提供和传达：内容不明确或容易搞错；显示时，传递方法不适当，不能让人一看就明白；环境条件不完备，或者有来自环境的干扰（黑暗、噪声）；其他。

（2）认知、确认错误：没有感觉输入（看到或听到别的东西；感觉器官被遮蔽；感觉器官的机能下降）；感觉错误（长短、形状、距离、高低、快慢、文字）；认知错误（容易看错形状和颜色类似的排列；记忆错误，记错事物和名称）；不能认知（漏看）（不知道哪个是信息；由于时间紧迫而未发现；注意或想其他事情；由于单调作业或疲劳而发愣）；未认识到（没有确认就认为是对的；认为同事已经确认了；其他）。

（3）判断、决定错误：判断错误（记忆错误，将理论和方法搞错；相同作业的单调重复或疲劳而头脑迟钝等）；判断决定缺乏（由于时间和情况紧迫，来不及判断等）；决策和动作启动错误（以为对方知道，所以没做也没联络；习惯动作和反转动作突然出现等）。

（4）操作和动作错误：姿势紊乱、动作紊乱、动作次序错误、操作器具错误、操作方向错误。

（5）操作后的确认错误（反馈错误）：未发觉错误（没有操作结果的反馈，确认困难；打算要确认，但因某种情况而忘了；完全忘了确认）；由于别人的帮助和指教才发现错误。

二、不安全行为

（一）不安全行为的概念

人们从安全作业结果的角度出发，把作业者的行为划分为安全行为与不安全行为。不安全行为是指可能造成事故（违背劳动生产规律的不合理）的行为，或者说从发生事故的结果来看确实已造成事故的行为是不安全的。然而，如何在发生事故之前判断人的行为是否是不安全行为，则往往很困难。人们只能根据以往的事故教训，总结归纳出某类型的行为是不安全行为，然后制定规章制度进行管理控制。所以人们常说"规章制度是血的教训的总结"，也包含了规章制度的这种滞后性和不完整性两层意思。

对于机务行车作业而言，不安全行为系指其危及人身、行车、设备安全、能够构成事故的行为。既包括我们常说的违章、违纪、违标等行为，也包括规章制度、纪律及标准中无规定，但危及安全生产，能够构成事故的一切行为。如，我国铁路对值乘前或运行中临时患病或服用具有嗜睡、阻断神经、降低大脑意识水平等作用禁忌药物无明确规定，但这类情况下所产生的行为也危及安全生产，亦应属不安全行为。

（二）不安全行为的分类

1. 国家标准对不安全行为的分类

根据《企业员工伤亡事故分类》（GB 6441—86）将不安全行为分为以下 13 大类。

操作错误，忽视安全，忽视警告；造成安全装置失效；使用不安全设备；手代替工具操作；物体（指成品、半成品、材料、工具、切削和生产用品等）存放不当；冒险进入危险场所；攀、坐不安全位置；在起吊物下作业、停留；机器运转时加油、修理、检查、调整、焊接、清扫；有分散注意力行为；在必须使用个人防护用品用具的作业或场合，忽视使用；不安全装束；对易燃、易爆物品处理错误。

2. 国际劳工组织（ILO）对不安全行为的分类

没有监督人员在场时，不履行确保安全操作与接受警告；用不安全的速度操作机器和作业；使用丧失安全性能的装置；使用不安全的机具代替安全机具，或用不安全的方法使用机具；不安全的装戴、培植、混合和连接方法；在不安全的位置进行作业和持不重视安全的态度。

3．机车乘务员的不安全行为

机车乘务员引发事故的不安全行为主要表现在以下方面：

运行中打盹瞌睡；间断瞭望；臆测行车；注意力分散；误认信号；未按规定操作或操作不当；未按规定使用保安设备；未按规定检查机车和漏检；超速运行。

（三）机车乘务作业的不安全行为

按其发生时的意识状态来加以区分，可分为有意的不安全行为和无意的不安全行为这两大类，如表3－1所示。

表3－1　机车乘务员不安全行为类型表

无意的不安全行为	有意的不安全行为
1．意识不清醒时的行为 2．身心缺陷状态的行为 3．无知状态时的不安全行为	1．规章、标准科学合理时的行为 2．规章、标准无规定时的行为 3．规章、标准不科学不合理时的行为

1．无意的不安全行为

无意的不安全行为即行为者无意识状态或无责任行为能力时发生的行为。按其行为发生时的不同状态又可分为三种情况。

（1）行为者在意识不清醒或意识水平低下时的行为，如患有发生性睡眠症、睡眠障碍者、值乘前休息不足等都会因疲倦瞌睡、意识水平急剧降低而产生不安全行为，还有患有糖尿病、心脑血管疾病、感冒等疾病患者，都会因药物作用使意识水平降低或出现意识水平中断而产生不安全行为。

（2）机车乘务员身心存在缺陷时所产生的不安全行为，如患有色盲、人格缺陷者、年龄偏大时的眼花等原因。

（3）由于无知而造成的不安全行为，该种情况比例较大。如事故案例中常见的"不懂反方向行车办法""特殊情况下行车办法不熟练""调度员漏传指令""机车及保安设备更新后培训不足"等都属这类情况。

2. 有意的不安全行为

有意的不安全行为即大脑意识水平清醒状态下产生的不安全行为，也分为三种情况：

（1）明知规章、标准科学合理状态时的行为，如事故中常见的"监控装置关机""臆测行车""值乘中带人""值乘前打牌、赌博、干家务而不充分休息等"，此类的不安全行为所占比例最大。

（2）现行规章制度、标准中无规定或规定不够具体时的行为，如临时患病、值乘前休息不足、情绪不良，能否值乘现行规章制度中并无具体明文规定或规定不具体明确，这时也会产生不安全行为，危及安全行车。

（3）一些规章制度或标准制订得不科学、不合理时的行为，如一些机务段对"监控装置操作所规定的过多的操作步骤，既增加乘务作业负担，又影响正常瞭望"就属这种情况。

第六节　个体不安全行为原因分析

从以上不安全行为与事故的关系人们可以明显地看到，不安全行为往往是发生事故的直接原因。所以，深入分析，找出产生不安全行为的原因，对于有效控制和防止因不安全行为所引起的事故，是十分必要的。

个体不安全行为的原因可以根据不同需要、从不同角度进行分析。常用的分析方法有安全系统影响因素分析、行为过程原因分析和明知故犯的心态分析等。

一、安全系统影响因素分析

无论是一般的安全管理还是像铁路行车这样特殊的安全管理，

都是由"人－机－环境－管理"这样的系统因素所构成的安全管理系统。而作为系统中个体的人，其作业行为都要受这个系统的制约和影响；同样，不管人们是否承认，个体的不安全行为总是这个系统的副产物。系统因素对不安全行为的影响如表3－2所示。

表3－2　行车作业行为系统因素分析表

行车作业行为	**人的因素**	1. 素质：智能、知觉、运动机能、性格态度
		2. 一般心理：错误、不注意、遗忘、无意识、条件反射
		3. 经验：年龄、经验、教育
		4. 意欲：地位、待遇、医疗保健、兴趣气氛
		5. 心身状态：疲劳、疾病、睡眠、休息、酒精、药物
		6. 人际关系：工作单位和群体、家庭、社会、经济文化
	机车环境管理因素	7. 设计：人机匹配、耐失误设计、机车构造、技术水平
		8. 自然环境：温度湿度、气压、风霜雨雪雾
		9. 微环境：噪声、振动、照明、就餐及生活环境
		10. 作业条件：线路纵断面（坡度曲线桥隧）、行车设备
		11. 安全方针：组织、安全方针、态度、文化风气
		12. 组织指挥：运输组织、技术水平、列车密度
		13. 作业负荷：时间、班次、速度
		14. 规章制度：激励、教育、管理
		15. 安全保护：设备、技术、日常管理

二、根据行为科学分析不安全行为的原因

（一）从行为科学理论来分析

从行为科学理论角度，产生不安全行为的主要原因有以下几种：

（1）对危险性认识不足，从而进行危险作业。

（2）作业程序不当，监督不力，致使违章作业泛滥。

（3）图省事，走捷径，忽略了安全程序。

（4）因身体疲劳，精神不振，导致动作变形。

（5）安全意识差，接近危险场所时无护具或未按规定着装。

（二）从行为过程分析

从"感觉刺激－判断－反应"这一行为过程分析，人的不安全行为的原因主要有：

（1）感觉错误——没看见、没听见、看错、听错。

（2）联络失误，确认不充分。

（3）由于反射行为引起的失误。因为反射行为特别是无条件反射行为，是通过不断强化而产生的、无须经过判断的、瞬间无意识行为，即使事先对不安全因素有所认识，但在反射产生的瞬间，仍会产生无意识行为以致置身于危险之中。

（4）遗忘。例如作业中突然接电话，接电话后继续作业时忘记了继续程序而导致不安全行为或事故。

（5）单调作业引起的瞌睡、走神和精力不集中。

（6）不良习惯引起的不安全行为。作业标准化是安全行车的保证，但在紧急情况下，操作者往往会用习惯动作代替标准化作业，产生不安全行为。

（7）疲劳引起的失误。疲劳引起反应、注意力等作业能力降低，从而导致行为失误。

（8）机车设备更新引起的失误。由于此时受技能水平低、作业不熟悉、习惯障碍等因素影响，易于产生操作失误。

（9）异常状态下的错误行为。在异常状态下，由于人的紧张程度增加而导致信息处理能力降低，在信息处理和作业行为方面都有一些异常，且注意力只集中于眼前能看到的事物，丧失对信息的选择性和过滤性能，导致不安全行为。

（10）大脑意识水平问题。人的大脑意识水平决定人的注意力水平和作业可靠性，是安全行为的基础。

米山信三调查了日本旧国铁 28 000 件责任事故，就意识水平对不安全行为和事故的影响进行了原因分析。分析结果表明，引起不安全行为的原因有五大类，如表 3-3 所示。

表 3-3　行车责任事故背景因素的失误模式

模　式	项　目
判断疏忽	没有想到会发生影响 认为对方知道 认为这样的程度就行 没有注意和对方的联络 认为过去没有问题这次也不要紧
习惯性的操作	条件反射动作 操作大意随便出手 无目的、无意义的操作 胡乱操作，不充分操作 无意识地随便操作 误认信号、手信号、表示灯仪表等，不认真 忘记了不能干的事和危险的事
自信和省略	认为是肯定的事而未加确认 认为总是和过去相同 主观自信 人工检修，简化了操作 全然没有想到该问题，置于脑后 不认真确认对方的语言和手信号
注意转换的迟钝	专心干其他工作忘了时间而动作迟钝 被其他事件吸引了注意力 因为干其他事情而忘了该干什么和在什么地方干 集中注意目前的事，没有注意其他信息 误以为时间还早 认为是以后的事而忘却了 注意力集中在下一步作业或其他心事上 只注意眼前的事没有考虑别的事 正在干别的事（起立谈论、遗忘东西、上厕所）

续表 3 – 3

模　式	项　　目
信息 收集 失误	由于主观臆测，错误地接受信息进行操作 技术不熟练、知识不足，不明白信息的意义 接受的信息不明确、不正确 信号、信息传递方法不当，由于噪声没听见 想掩盖自己或别人的错误而使错误扩大 状况复杂，作业难度大而踯躅迟延 误读、误听、早知、判断错误

五类原因对事故的影响统计："自信和省略"占51%；"注意力转换迟钝"占26%；"习惯性操作"占20%；"判断的疏忽"占11%；信息失误占10%。由于有时一件事故有 2 个因素起作用，所以合计比例超过 100 % 。

（11）环境原因。光线、温度、湿度、噪声、振动、电磁辐射、空气质量、色彩、作业场所布置等环境因素不但影响人的身体健康，同时也从不同方面影响或制约作业行为。

（12）管理与教育训练方面的原因。由于安全管理制度不健全、作业标准不科学、作业时间班次安排不当、安全教育训练不够等，可造成作业者安全意识不强、安全技能和作业方法掌握不够而产生不安全行为或事故。

三、明知故犯不安全行为的心态分析

不安全行为与失误的一个主要差异，就是不安全行为大都是明知故犯的行为。而人的这些明知故犯的不安全行为同其他不安全行为一样，从心理学的角度来看，都和人的心理状态有关，都是由人的心理活动发动、调节和控制的。

根据安全生产的实际经验和安全心理学的研究，当一个人具备不安全行为的心理状态且与发生事故的危险因素组合在一起时，就会导致事故的发生。一般认为，下述的心理状态极易导致不安

全行为，并且是造成事故的重要隐患。

（一）侥幸心理

在某种行为既可能导致有利后果、也可能导致不利后果的情况下，行为人主观认为不利后果不会发生的臆测判断，这就是侥幸心理。这是许多不安全行为者行动前的一种重要心态，有这种心态的人，不是不懂规章制度或缺乏安全知识，也不是技术水平低，而是一种典型的明知故犯。"违章不一定出事故"，这种把事故的偶然性绝对化是其基本的心态。

（二）麻痹与盲目自信心理

有麻痹心理的人，在行为上多表现为马马虎虎、大大咧咧，作业中缺乏严肃认真、一丝不苟的精神；对安全作业虽明知重要，但往往是口是心非，在内心世界总觉得无所谓，缺乏应有的警惕性。造成麻痹大意心理的因素很多，但主要表现在以下几个方面：

（1）认为自己的技术过硬，不会出什么问题。

（2）以往成功经验的强化。

（3）高度紧张后精神疲劳，思想放松。

（4）个性因素，如一贯松松垮垮、具有不求甚解的个体特征。

（5）因循守旧，缺乏创新意识。

盲目自信的人，总认为这是"经常干的工作""不知干过多少次""从来没有什么危险"等，在安全学习和培训时，由于认为自己一切都行，所以很难听进别人的忠告和安全警告。

自信与麻痹，这两种心态总是形影相随、密切相关。在这类心理状态支配下，作业者往往心不在焉，凭经验、习惯、印象进行操作，进行机车检查试验时走马观花，作业时漫不经心，没有意识到操作方法有错误；在作业过程中，缺乏应有的警惕性，不注意出现的异常情况。当突然出现与预料相反的客观条件变化时，由于没有心理准备，原有定势遭到破坏，因此往往表现为惊慌失措，手忙脚乱，不能及时采取有效措施，终于造成事故。铁路行车实践中类似的例子比比皆是。

（三）惰性心理

惰性心理也称"捷径心理"或"节能心理"，是指在作用中尽量减少能量支出，能省力时便省力，能将就则将就的一种心理状态。这种心态在作业过程中表现为图省事，怕麻烦，不愿受安全规章制度的制约，简化作业，应付差事；这种心理和冒险心理紧密相连，有些人宁愿冒险也不愿多走一步路，如在车站内宁愿钻车也不愿绕行等。

由于惰性凑合心理的普遍存在，所以对安全行车的影响也就特别大。这种心理有时还和侥幸心理密切关联着，他们认为省点事不至于出问题。但恰恰是这种心理，常常成为致祸的根苗。

（四）冒险心理

冒险心理也是引起不安全行为的重要原因之一，主要有两种情况：

（1）理智性冒险。由于一些职业的特殊要求，其作业的危险性较大，但也必须进行，如潜水作业，还有调车员的调车作业等，但这类有相当风险的作业的规章制度和作业程序标准都往往规定得很细和较为严格，其目的就是通过科学严格的标准化作业最大限度地减少这种危险性；还有一种理智性冒险就是在特殊情况下，如突发事件（抢救落水儿童），必须立即采取措施，挽救诸多的生命财产，而此时安全保障条件又不具备，但又不得不冒险。这种理智的冒险行为是一种无畏的勇气和不怕牺牲的精神，是一种高尚的行为。

（2）非理智性冒险。这种心理一是受激情的驱使，或为了满足自己的虚荣心；二是常常和赌博心态相伴，当一些违章违纪的不安全行为存在相当的危险性，或在安全作业与有危险的不安全作业进行选择时，具有冒险心理的人往往选择后者，抱着赌一把的心态而选择不安全行为；当选择不安全行为而冒险成功时，这种人会在心态上获得一种快感和满足，并强化自己的这种心态，使其得到在个体内心的巩固，从而使自己的冒险的不安全行为成为一种习惯。

（五）无所谓心理

无所谓心理一般是安全意识的淡化和薄弱，所以常表现为遵章或违章的心不在焉，满不在乎。这种心态也分为以下几种情况：

1. 个体认知上的问题

本人根本没意识到危险的存在，也没有认识到规章制度对安全行车的必要性，认为什么章程不章程的，规章制度都是领导用来卡人扣钱的。这种认知上的问题一般是安全教育训练方面缺乏因人制宜或有效性所造成的。

2. 口是心非的安全态度

对安全问题说起来重要，但在行为上却是我行我素，在内心深处根本没把规章制度当回事，领导在场时应付一下，而在其他情况下就违章违纪，自己觉得怎么方便怎么来，违章违纪成性。

3. 自以为是的安全态度

认为规章制度规定得太死板，按章作业就根本行不通，所以违章违纪是必要的，不违章违纪就根本无法作业。

由于无所谓心理在安全认知和安全态度等方面的错误心态，所以持这种心态者在作业行为上常表现为频繁的违章违纪和违犯作业标准，对安全行车的影响较大。

（六）逆反心理

逆反心理是一种无视社会规范或管理制度的对抗性心理状态，一般在行为上表现为"你让我这样，我偏要那样""越不允许干，我偏要干"等特征。

有逆反心理的人对各种安全法规、规章制度缺乏理性认识，对组织的安全生产要求产生一种反感心理，这直接影响到他们的安全意识。一般来讲，青年人和个性较强的人容易产生逆反心理；另外一个条件是一些现场安全管理人员简单粗暴的管理方式，也容易促使产生逆反心理。

（七）逞能心理

争强好胜本是一种积极的心理品质，同自我表现欲一样属于马斯洛需要层次中的高层次需要。但这种需要强烈的人，发展到不恰当的地步，就会走向反面，会以牺牲安全需要为代价换取逞能心理的满足。有这种心态者对安全知识略知一二，但往往在其逞能心理的支配下，为炫耀表现自己，产生盲目行为，结果事与愿违，酿成事故。

逞能心理是青年人普遍存在的心理特征。一些年轻职工会在这种心理驱使下，为了显示自己的能耐，头脑发热，干出一些冒险愚蠢的事情来。如有的青年工人，几个人一起在无任何指导监护的情况下，扒车代步、飞上飞下，很易酿成惨祸。

（八）凑兴心理，也称凑趣心理

它是社会群体成员之间人际关系融洽而在个体心理上的反映。个体为了获得心理上的满足和温暖，同时也为了对同事表示友爱或激励，和其他个体凑在一起开开玩笑，说些幽默打趣的话，交换些马路新闻，等等。如果掌握得适度，不失为改进群体气氛、缓解紧张情绪、消除疲劳、增强群体间情感沟通的一种方法。但是，如果掌握得不适度，凑兴过度的话，不但不会起到调节情感、增进团结的积极作用，相反还会伤害一些群体成员的感情，产生出一些误会或矛盾，导致一些不理智的行为。

（九）急躁心理

急躁心理是一种较为常见的心理品质，办事情、干工作喜欢快捷，内心世界对慢节拍有着反感和厌恶的情结；在作业过程中，无论是机车检查、试验，还是机车操作，缺乏一丝不苟的认真精神和标准化作业的心态，常常表现为快节奏、图痛快，总认为越快越好，所以经常伴随着执行作业标准敷衍了事、简化作业的不安全行为；如果遇到调度或其他工种人员的催促，则更会忘乎所以，把安全问题抛到脑后，由快而变成冒险行为，所以往往由此埋下事故隐患或直接造成事故。

除上述的几种易于引发不安全行为、从而导致事故的心理状态外，还有一些心理状态也与安全行为有关，例如从众服从心理、疲劳心理、好奇心理、紧张恐惧心理、爱美心理，等等，也会引起不安全行为，应注意识别这些心理状态并加以重视。

应当注意，一些不安全行为的心理状态常常是紧密相连的，一种不安全行为往往由几种心理状态所支配，如侥幸心理常常和冒险心理、凑合心理等联系在一起；同时一种心理状态也会引起众多的不安全行为。在进行安全教育和安全指导时应加以识别，在了解掌握受教育对象真实的心理状态后，因人而异采取适宜的方法，才能收到应有的成效。

四、人在发生事故时的心理状态

人在发生事故时所具有的心理状态，因事故发生频率、作业条件不同而各异。下面介绍日本铁路就此的统计分析和著名安全专家青岛贤司先生对事故的心理学调查和涉及人员心理状态的原因分析。

（一）日本铁路对铁路交通事故中人的不安全行为的统计分析

日本铁路系统曾统计了 3 094 件交通事故，列出 13 项引起事故的人为因素。其中由于作业方法不当、经验不足、准备不够、安全教育和训练缺乏等造成无知或智能低下者占50%；信息不足、无谋、恐惧而判断失误者占第二位。详见表 3－4。

表 3 - 4　日本铁路系统交通事故统计表

引起事故人的因素	次数	引起事故人的因素	次数
安全教育不足	101	情感紊乱	19
作业准备不足	91	想错（判断失误）	112
作业经验不足	212	记错	28
作业方法不当	1 164	过劳（疲劳过度）	11
不遵守作业规程	348	疾病（身体欠佳）	11
联络不充分	195	其他行为	627
懒散、无谋、恐惧	175	总计	3 094

（二）青岛贤司就涉及人员心理状态的原因分析

1. 发生事故的心理状态调查分类和统计

世界著名的安全专家青岛贤司先生，曾就 15 个工厂 1 656 件事故的心理学调查表明，除去工程技术上的原因外，涉及人员心理状态的原因共分 6 类 21 种表现。详见表 3 - 5。

表 3 - 5　发生事故的心理状态调查分类和统计

大类（件数%）	分　类	件数	%
1A　336 件　20.29% 认为自己有经验，自恃作业绝对安全	1a 由于检查不充分，对突然发生的机械设备事故不能处理	55	3.32
	1b 没注意到自己的作业方法有错误	73	4.41
	1c 没注意到异常状况	170	10.27
	1d 虽注意异常情况，但未采取适当措施	38	2.29
2B　170 件　10.27% 虽感到危险，但认为"不要紧"而继续作业	2a 嫌作业繁琐而不按规程规定去干	47	2.84
	2b 如按照规程那么干，嫌麻烦	64	3.86
	2c 过分相信自己有技术	59	3.56
3C　368 件　22.22% 实际有危险，但麻痹未发觉当时有危险	3a 因无知感觉不到危险	70	4.22
	3b 违章成性，习以为常，没感到危险	174	10.51
	3c 至今为止未发现习惯作业方式不当	114	6.88

续表 3 - 5

大类（件数%）	分　类	件数	%
4D　384 件　　23.19% 没考虑安全或危险盲目作业（没意识到或没估计到危险而作业）	4a 因兴奋过度、挂念担心、生气等而分心	32	1.93
	4b 外界使人分心的条件而使注意力不集中	47	2.84
	4c 因急于完成任务后想去干别的事	122	7.37
	4d 任务紧急，受外部压力而快干	66	3.99
	4e 虽有正确的工作方法，但干错了	117	7.07
5E　179 件　　10.81% 由于作业太单调打不起精神，单凭过去经验进行作业	5a 设备异常，但仍正常地去操作	19	1.15
	5b 凭经验敷衍了事地进行作业	37	2.23
	5c 有正确的工作方法，但干错了	123	7.43
6F　219 件　　13.22% 自己操作方法最正确，但由第三者干扰而发生了事故（他人失误）	6a 由于共同操作的失误	115	6.94
	6b 单独作业，外来第三者干扰	50	3.02
	6c 由于和自己无关的设备引起的外伤	54	3.26
合　计		1 656	100

2．对上述统计的分析

（1）麻痹大意。对实有危险未能发现来看，即分类符号"3C"：此类心理状态造成的事故为 368 件，占 22.22%。

① 事故的主要心理原因是，"总这么干，习以为常，没感到危险"者占 174 件；"至今为止也没出过事故，不要紧"心理者为 114 件，这是因为注意分配不当，给应注意的能量分配不足（应注意而不注意）。

② 事故的次要心理原因是，"没注意设备异常（1C）"占 170 件；"虽有异常发现后仍按平时干法去做的惰性作业"，自己主观上想是绝对安全的，所以没注意；还有对外部的异常状况没分配注意，或者对注视点选择错误等情况都占不少比例。

（2）"有正确的工作方法，但干错了"（即 4E，5C）占心理原因的第二位。

①　这种事故原因较多，但主要是技能上无知或者不学无术，缺乏经验，当然也包括训练不足和安全教育不够（5C—121 件，4E—112 件），两项合计 333 件。

②　"想赶快干完"，"急于完成受委托的任务"，这包括自己有私事，也包括上级追任务，两项合计，即 $4C + 4d = 66 + 112 = 178$ 件。所以，时间不充裕、紧迫感促使了发生不正常的心理状态，从而导致了伤亡事故的发生。

（3）人特别兴奋，则忘乎所以，担心他事，挂念他人或有后顾之忧则容易分心。如在平时影响还小，一旦遇到突然危险，则能量供不上，表现出惊慌失措而导致事故的发生。发怒生气，心里不舒畅也会有这种心理（4a）。

（4）自身本无失误，但他人干扰，如同事失误，接听来电，找谈话，相互之间打闹玩笑，以及其他第三者干扰，还有突如其来的系列外物体打击等机械外伤（6F 一类）占 219 件，为事故总数的 13.22%。

这些心理状态往往支配作业者产生诸多不同的不安全行为，从而导致事故的发生。

第七节　人的不安全行为的控制

人的不安全行为产生原因是多种因素综合作用的结果，控制和减少不安全行为，应从人－机－环境－管理这个安全系统出发，采取适宜有效的控制措施。只有这样，才能使合适的人在适宜的作业环境和管理环境中做适合的工作、进行可靠的安全作业，使作业者在作业过程中的不安全行为出现的概率最低。

一、根据职业特性选择适宜的人员

世界各国的事故研究表明，安全生产也符合"关键的少数"这一规律，即少数的作业者发生了大部分的事故。就像我们前面分析的那样：具有一定不良心理特征的人，在作业过程中容易导致事故的发生。如果将具有这些心理特征的（如喜冒险、爱冲动、有侥幸和凑合心态）人筛选出来，不让他们从事危险的作业或生产活动，就可减少不安全行为，从而减少事故的发生。

所谓职业适宜性是指人所具备的胜任某项职业（职务）所必需的知识、技能和生理、心理特征。职业适宜性揭示了职业与从业人员之间的相对适宜的关系，它主要关注从业人员有效地完成某种工作的个人综合特征：身体与心理的功能、知识与技能、经验与经历、兴趣与价值观等。

根据职业适宜性原则选人的方法为：

（1）职业适宜性分析。即对作业岗位和从业人员安全工作的素质进行科学分析，建立职业素质模型。

（2）确定标准。对素质模型通过不断实践验证、修订，最终确定标准。

（3）对从业人员包括文化素质、专业素质、生理特征、心理素质等方面进行的测试。

（4）根据标准，确定适宜人员。

二、"机"的优化设计（含机车作业环境）和作业环境的改善

人的不安全行为有些是由于机车等设计或布置的不合理引起的，要控制人的不安全行为，就要根据人的生理和心理特点进行设计，使"机"适宜于人。

1．安全保护装置的耐失误设计

以人为本，设计安全的作业系统，是减少不安全行为、保障作业者人身安全的根本和基础。而耐失误设计是通过精心设计使人员不能发生失误或者发生了失误也不会带来事故等严重后果的设计。耐失误设计最常用的方式是采用联锁装置防止人员误操作。在一旦发生人失误可能造成伤害或严重事故的场合，采用紧急停车装置可以使人失误无害化。如采用光电控制或红外线控制安全监控系统，防止作业者进入未断电的机车车顶；在未断电的情况下挂接地线等不安全行为的发生所带来安全隐患，保护作业者的人身安全；在有可能由于作业者的疏忽忘记停车而带来严重后果的场合，设置自动停车装置，如机车上的列车自动停车装置，在列车接近红灯或超速运行时使列车自动停车，这样，即使司机发生失误也不会发生列车碰撞事故；采用联锁装置使人员失误无害化，如机车门联锁保护装置，在升弓带电的情况下即使作业者有误操作行为也不能进入高压室，防止人员触电事故的发生。

2．显示装置的设计

机车设备向人传递信息的装置称为显示装置，包括视觉显示、听觉听示、触觉感知和动觉感知。信息传递方式的选择，主要依靠传递信息的内容和性质，在上述传递方式中视觉显示属首，听觉听示次之，再次是触觉和动觉的感知。但不同的信息传递方式的可靠性是有差别的。

显示装置的质量与布置对人对信息的接受速度、处理速度、反馈速度及相应的准确程度有着密切的相关性。所以，根据工效学的设计原则，人是"人－机"系统的主体、机器是客体，对显示装置的选择、显示盘面的设计与布置要符合作业者的生理和心理特征，最大限度地减少作业者的错误反应，降低失误率。

3．机车上的制动机等控制器的设计

它对作业者准确、迅速、安全地连续操作机车是十分重要的，实践中有的操作差错所造成的事故往往和控制器的设计不合理有关。因此，在控制器的设计和保安设备的安装布置时，不仅要考虑设备的性能、寿命、可靠性和外观造型，还应很好地考虑其安全性，即操作和使用过程中的方便性、作业者的操作动作和做到这些动作的能力和限度。

4. 噪声和振动的控制

噪声和振动除对作业者的生理和心理都会造成一定的伤害外，还会降低大脑意识水平、反应能力、注意力水平和可靠性，增加作业者的失误率。所以，除了在设计时应提高降低噪声和减少振动的标准外，在机车中修和大修时也应检测，不应超过设计标准。

5. 色彩和照明的选择

适当的色彩对生理的影响主要表现在提高视觉器官的分辨能力和减少视觉疲劳。由于人眼对明度和饱和度分辨能力较差，所以在选择色彩对比时，一般以色调为主。应采用保护色、保持整个作业环境中明度的均匀性，减少视觉疲劳；作业场所中的危险部位、危险障碍应具有较高的饱和度，以提高对人视觉的刺激感。司机室、机械间的照明和亮度参数要保证眼睛的卫生和作业条件的要求，减少或避免由于照明引起的事故和差错。

6. 营造良好的作业环境

应根据机车乘务员一次作业时间长、就餐无规律、出乘时间不固定、动态中作业等特点，切实改变其作业环境。如安装和保证司机室空调性能的良好，使机车乘务员在较为舒适的温度中作业，减少温度和湿度变化对安全行为的影响；增加电冰箱和热饭箱，便于机车乘务员食餐的保存和加热食用，保证司机途中就餐的卫生和安全；机车上应提供司机小便处所，防止因司机开门去小便带来的安全隐患；机车整备、交接场所包括上下班的道路及照明都应保持洁净、平整、照明适宜，为乘务人员在繁忙车站跨越股道上下班提供人身安全的基本条件；等待接班的处所亦应保持适宜，减少司机不必要的体能消耗和心理烦躁。

三、运用现代安全管理科学，优化行车安全管理

（一）采用冗余系统

附加上去的元素称作冗余元素；含有冗余元素的系统称作冗余系统。采用冗余系统是提高行车安全系统可靠性的有效措施，也是提高人的可靠性，防止和减少不安全行为的有效措施。冗余系统是把若干元素附加于系统基本元素之上来提高系统可靠性的方法。冗余系统的特征是，只有一个或几个而不是所有的元素发生故障或失误，系统仍然能够正常工作。用于防止人失误的冗余系统主要是并联方式工作的系统。

1. 二人操作

本来一个人可以完成的操作，由两个人来完成。一般来说，一个人操作另一人监护，组成核对系统。如果一个人操作发生失误，另一个人可以纠正失误。根据可靠性工程原理，并联冗余系统的人失误概率等于各元素失误概率的乘积。假设一个人操作发生失误的概率为 10^{-3}，则两个人同时发生人失误的概率为 10^{-6}，相应的，系统发生失误的概率非常小。

应当注意，当两人在同一环境中操作时，有可能由于同样原因而同时发生失误，即两者在统计上互相不独立，或称共同原因失误。在这种情况下，冗余系统的优点便体现不出来了。为此，必须设法消除引起共同失误的原因。为了防止处于同一驾驶室的正、副驾驶员发生同样的失误，由处于不同环境的地面管制人员监视他们的操作。

2. 人机并行

由人员和机器共同操作组成的人机并联系统，人的缺点由机器

来弥补，机器发生故障时由人员采取适当的措施来克服。由于机器操作时其可靠性较人的可靠性高，这样的核对系统比二人操作系统的可靠性高。

目前许多这样系统的运转都采用了自动控制系统与人员共同操作的方式。例如，民航客机上装备了自动驾驶系统；日本新干线列车上装有列车自动控制装置等，与驾驶员组成人机并行系统。当人员操作失误时有自动控制系统来纠正；当自动控制系统故障时有人员来控制，使系统的安全性大大提高。

3. 审查和监控

各种审查是防止人失误的重要措施。在时间比较充裕的情况下，通过审查可以发现失误的结果而采取措施纠正失误。如司机接受调度命令时的复诵，正、副司机对行车信号的呼唤应答的确认等，都会发现接受时的错误。

我国铁路机车目前都安装和使用"列车运行监控记录装置"，可监控和记录司机安全作业状态。当机车司机发生误认信号、超速运行等不安全行为时，该装置可进行自动停车或减速等手段进行控制，有效防止人的失误。

（二）推行作业标准化

作业标准化，就是对行车过程中，经常重复进行的、有规律的作业活动，如机车检查、机车操作、信号确认、调车作业、车机联控等，规定严格的标准并实施。这些标准包括作业程序、作业方法、时间要求和质量要求，以及其他应遵守的规定。其目的是为了保证安全、准确、协调地完成各项作业，从而确保运输生产全过程的整体效果。

作业标准化具有全员性、规范性和重复性的特点。所谓全员性，就是对每个岗位、每个人、每项作业都有标准化的要求，都必须按标准要求办事，实行全员标准化；规范化就是作业标准的制定合乎安全作业的规律、标准的执行要求严肃认真，一丝不苟；所谓重复性就是作业标准化是不断重复的过程，要求作业者不厌其烦地执行，不得简化。

1. 作业标准的基本要求

人的不安全行为与下列三种原因有着相当密切的关系：不知道正确的操作方法；简化作业；不遵循程序标准、按自己的习惯作业。为了克服这些问题，必须推行作业标准化，按科学的作业标准来规范人的行为。好的作业标准至少应满足下述要求：

（1）应该明确规定作业程序、作业方法、时间要求和质量要求，以及其他应遵守的规定。

（2）符合人机工程的基本要求，不应给作业者增加精神负担。如作业要求不能超出人的生理和心理的承受负荷；操作尽可能简单化和专业化。

（3）符合现场实践情况，与其他安全规章制度保持一致性。

（4）制定作业标准时，应由工程技术人员、管理人员、作业者共同研究，反复实践后确定。

2. 坚持作业标准化的基本要求

坚持作业标准化贵在"坚持"二字，应当做到认识上明确，思想上重视；业务上熟练，行动上习惯；方法得当，措施得力。

（1）认识上明确，思想上重视。认识上明确就是要认识到作业标准是经验教训的总结、是安全行车规律的反映，坚持作业标准化就是按科学规律办事；思想上重视即要树立严肃认真的态度，作业中始终如一、一丝不苟地执行作业标准，真正认识到坚持作业标准化是防止事故、安全行车的根本保证。

（2）业务上熟练，行动上习惯。业务上熟练就是对作业标准要精通熟练，明确为什么这样做，记准、记全内容，从操作执行上熟练掌握；行动上习惯就是要养成习惯，习惯成自然，自然能坚持。

（3）方法得当，措施得力。就是群体或组织应采取适宜的方法和有效的措施，保证作业标准化落实的始终如一。

（三）进行科学、有效、及时的安全教育和技术训练

拉氏姆逊把生产过程中人的行为划分为三个层次，即反射层次行为、规则层次行为和知识层次行为，如图3-2所示。

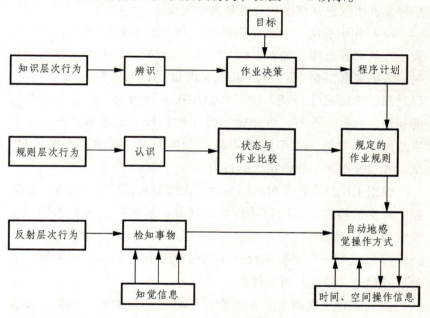

图3-2　人的行为层次

（1）反射层次行为。反射层次行为发生在外界刺激与以前的经验一致时，这时的信息处理体制是人知觉的外界信息不经大脑处理、下意识的行为。熟练的操作属于反射层次的行为。

反射层次的行为一方面可以节省信息处理时间，准确而高效地作业，以及迅速地采取措施应对紧急情况；另一方面，操作者由于不注意而错误地接受刺激，或操作对象、程序变更，仪表、设

备人机学设计不合理而发生失误。

（2）规则层次行为。规则层次行为发生在操作比较复杂时，操作者首先要判断应该按怎样的操作步骤操作，然后再按操作步骤进行操作。进行规则层次的行为时，操作者可能由于思路错误或按常规办事，或由于忘了操作程序、省略了某些操作、选错了替代方案而失误；长期的规则层次行为形成习惯操作而不用大脑思考，在出现异常情况场合容易发生失误。

（3）知识层次行为。知识层次的行为是最高层次的行为，它发生在从事新工作（如新型机车的操作）、处理没有经历过的事情时，人们要观察情况，判断事物发展情况，思考如何采取行动，经过深思熟虑后才行动。进行知识层次的行为时，操作者受已有的知识、概念所左右，可能做出错误的假设、设想或推论，或对事故原因与对策的关系考虑不足而发生失误。新型机车的调试、试验和检修都属于知识层次的行为。

根据生产操作特征对人的行为层次的要求，安全教育相应的有三个层次的教育，即反射操作层次教育、规则层次教育和知识层次教育。

（1）反射操作层次的教育是通过反复操作训练，使手脚熟练地、正确地、条件反射地操作。

（2）规则层次的教育是教育操作者按一定的操作规则、步骤进行复杂的操作。经过这样的教育，操作者牢记操作程序，可以不漏任何步骤地完成规定的操作。

（3）知识层次的教育使操作者不只学会设备操作，而且要学习整个生产过程、生产系统的构造、工作原理、操作的依据及步骤等广泛的知识等，生产过程的自动化程度越高，知识层次的教育越显得重要。例如新型机车的教育学习就是如此。

在进行安全教育时，要针对各层次行为存在的问题，采取恰当的弥补措施。

人的不安全行为、特别是有关行车人员不安全行为的控制措施很多，除以上几方面的内容外，还应注意以下几方面的问题：

（1）科学安排作业时间、班次，防止超负荷作业或产生疲劳，使作业人员的心理紧张度保持最优。

（2）建立健全科学适宜的规章制度，实行科学有效的安全行为激励、行为抽样和不安全行为的矫正等方面的管理。

（3）重视和加强组织的安全文化建设，树立良好的组织或群体风气，建立和谐的人际关系，调动作业者安全生产的积极性。

（4）推行有效的"安全自我管理"方法，即根据人们所具有的自我管理程序的能力，运用特定的机制和技能来控制和调节思想、感情、行为或者注意，以适应安全行车的环境，达到作业标准化。

第四章　主客观因素与铁路安全

第一节　能力与安全

一、能力的含义和种类

1. 能力的含义

能力是人们能够顺利地完成某种活动所必备的心理特征，是从事各种活动、适应生存所必需的且影响活动效果的心理特征的总和。具体来讲，能力可以从以下几个方面来理解：

（1）能力总是和人的学习、工作等活动联系在一起，并通过活动表现出来。例如，分析判断能力会在列车检修、行车事故分析过程中表现出来。

（2）在活动中表现出来的心理特征并不都是能力，只有直接影响人的活动效率，使活动顺利完成的心理特征才是能力。例如，尽管在列车检修、行车事故分析中表现出来的急躁或冷静等特征会对其产生一些影响，但它们并不是完成其工作所必需的能力。

（3）在顺利完成某种活动时，会有多种能力有机地组合在一起。例如，在行车事故处理中需要有快速反应能力、问题分析能力、措施应对能力等多种能力结合起来。

（4）能力是完成任务的基本条件，但不是唯一的条件。例如，个体的个性特征、工作态度、客观的物质条件、人际关系等都会影响任务的完成。

2. 能力的种类

心理学家将人的能力从不同的角度划分为不同的种类，主要有：

（1）一般能力和特殊能力。一般能力是在认识活动中表现出来的具有共同性的基本能力，适合多种活动的要求，如观察能力、记忆能力、想象能力、思维能力、概括能力和理解能力等，西方心理学中把一般能力称为"智力"。特殊能力是在某些专业活动中表现出的能力，特殊能力仅适合于某种特定活动范围的要求，为完成某种特定活动所需要。例如演讲能力、组织能力、技术操作能力等。对于行车安全管理者来说，其特殊能力主要涉及管理能力、人际关系能力和业务能力。

一般能力越是发展，就越为特殊能力的发展创造了有利条件；在各种活动中发展特殊能力的同时，也会促使一般能力的发展。这两种能力都是人们成功地完成任何工作所不可缺少的。

（2）再造能力和创造能力。再造能力指顺利地掌握前人积累的知识和技能以及按照提供的式样从事某种活动的能力。创造能力指根据一定的目的，创造出有社会价值的、新的、独特的东西的能力。

再造能力和创造能力是相互联系的：再造性活动一般包含有创造性的因素；创造性活动也包含有再造性活动，而且创造能力也是在再造能力基础上发展起来的。人们的活动一般都是先模仿、再造，然后才能有所创造。

（3）认识能力、实践活动能力和社交能力。人们完成活动的最基本的条件就是认识能力，认识能力包括感知能力和思维能力。

实践活动能力是人们有意识地调节自己外部动作，以作用于外界环境的能力，主要包括体育运动、技术操作、生产劳动等能力。社交能力是指人们参加社会群体生活，同周围人们相互交往、保持协调的能力。

认识能力、实践活动能力和社交能力同样是相互联系的：人们在实践活动和交往活动中认识客观世界、提高认识能力；人们又是依靠自身对客观世界的认识去调节自己的实践活动和交往活动的。人们进行具体活动时，仅靠某一种能力是无法完成任务的，经常需要多种能力共同发挥作用，方能获得成功。

二、能力的形成和差异

1. 人的能力的形成

人的能力在形成中会受各方面的因素影响，主要有以下四个方面：

（1）遗传因素。遗传对能力的影响主要表现在身体素质上，如身体各器官的特征、脑的形态和结构等。身体素质是能力形成和发展的前提条件，没有身体素质这个自然前提，人的能力就不可能形成。如聋哑人无法形成音乐能力，盲人无法形成绘画能力等。但具有相同身体素质的人，能力却不一定相同。因能力的形成和发展还受其他因素的影响。

（2）环境因素。环境因素是能力形成和发展的决定因素。家庭影响、学校教育、社会影响、环境因素都会对能力产生影响。如狼孩就是最典型和极端的例子。良好的环境有利于能力的形成和发展。

（3）实践活动。实践活动是人的能力形成和发展的必要条件，因能力是在实践活动过程中形成和发展起来的，离开实践活动，即使具有良好的身体素质和环境因素，能力也难以形成和发展。

例如，记忆力是在不断的记忆过程中形成和发展的。

（4）个性品质。个性品质是能力形成和发展的制约因素，个性心理中的需要、动机、气质、性格等都会影响能力的形成和发展。如强烈的动机、勤奋、谦虚、坚强的毅力等优良的个性品质能促进能力的形成和发展。

2．能力的差异

（1）能力类型的差异。能力类型的差异是指能力中各成分的构成方式上的不同，包括知觉差异、思维差异、记忆差异、想象差异、言语差异、躯体能力差异。

知觉差异，如有的人能迅速而准确地辨认出不同物体的差异，而有的人则"视而不见"；

记忆差异，如有的人对识记的内容过目不忘，记忆力惊人，而有的人正如我们日常所说的"转身就忘"；

想象差异，如有的人常异想天开，而有的人则按部就班；

思维差异，如有的人善于用理性的眼光看问题，而有的人则感情用事；

言语差异，如有的人出口成章，下笔千言，而有的人则不善言辞表达；

躯体能力差异，如有的人能歌善舞，而有的人则"笨手笨脚"。

（2）能力发展水平的差异。个体的能力在发展程度上有明显的差异，这可以以一般能力作为衡量差异的标准。有的人智力超常，有的人智力低下，多数人处于中间状态。

（3）能力发展早晚的差异。在人的一生中，智力水平随个体年龄的增长而变化。一般来说，智力的发展可分为三个阶段。第一，智力发展的增长阶段（出生～25岁），儿童从出生到15岁左右，智力的发展与年龄的增长几乎等速，随后增长的速度逐渐减慢，一般在 18 岁到 25 岁之间，智力的发展达到高峰。第二，智力发展的稳定阶段（25~60 岁左右），个体进入成人期，智力表现为一个较长时间的稳定保持期，一直持续到 60 岁左右。第三，智力发展的衰退阶段（60 岁以后），个体进入老年时期，智力的发展呈迅速下降趋势。

（4）能力发展的性别差异。大量研究表明，男性和女性在总的智商方面没有显著差异，只有在一些特殊能力方面存在一定差异倾向。

三、能力与行车安全生产

能力是行车安全生产的保证，在行车安全管理中，应根据职工能力大小合理地分配其工作，用其长补其短，充分发挥职工的潜能。具体来说，能力在行车安全管理中的运用体现在以下几个方面：

1. 安全管理人员应具备的能力

企业的安全管理工作可以分为组织管理和技术管理两大部分。

（1）安全组织管理是针对企业中人的不安全行为所进行的管理，一般包括安全方针目标的确定，规章制度（包括安全生产责任制）的制定与落实，安全生产的监督与检查，安全总结、评比、奖励与惩罚，安全教育与培训等工作。这些工作需要企业行车安全管理人员具有较缜密的思维能力、良好的人际沟通能力、流畅的口头表达能力和明晰的写作能力。

（2）安全技术管理是针对企业中物的不安全状态所进行的管理，一般包括危险源（危险的物质、设备、设施等）的辨识、分析与评价、检测与检验和实施控制措施等工作。安全技术管理需要安全管理人员具有一定相应的技术专业知识和解决实际问题的能力，还要有一定的观察能力和分析能力才能胜任其本职工作。

2. 了解不同工种或岗位对人员能力的要求

不同的工作岗位或工种，如列车驾驶、列车检修、信号、工务、调度、管理等，其工作内容、特性和要求必然不同，因此它们对能力的要求也不同。在行车安全管理中，要考察、了解各个工种或岗位的工作性质，确定该岗位人员实现安全生产的能力要求，制定不同的选人和用人标准。

3. 开展职工能力测评，以能选人、以能定岗

在选择或考核职工时，不应把安全知识和技能作为唯一的指标，在有可能情况下，还应根据工种或工作岗位的要求，采用相应的方式进行能力测评。特别是那些对人的能力有特殊要求的作业或工作岗位，更应进行一定的特殊能力测定。美国一些心理学家研究了 36 名电机装配工，他们发现由于能力的差异，这些工人的操作和工作条件虽然是相同的，但最优秀的工人和较差的工人，二者的产量相差一倍以上。

由此可见，在生产过程中人的能力是不同的，不同的人所适宜从事的职业或岗位也不相同。因此，通过心理学的方法通过能力测试选拔工作人员，既可以招收到适宜的人员，又有利于节省培训经费，提高工效，保证生产和安全。

4. 工作必须与人的能力相匹配

人与人之间的能力差异体现在能力水平和能力类型方面的不同，因此，在安排和分配职工工作时，要尽量根据其能力发展水平和能力类型安排适当工作。

能力水平需与工作要求相适应，存在以下三种情况：

（1）职工的能力水平超过工作的能力范围要求，会使职工感到受压抑，不满足于现状，工作效果不佳。

（2）职工的能力水平低于工作的能力范围要求，使职工感到无法胜任而过度紧张，从而厌恶工作，影响效果。

（3）职工的能力水平与工作的能力范围要求相匹配，不但使之得到心理上的满足，把工作做好，而且还有利于处理"非常事件"，保证生产的安全进行。

能力类型差异性很大，要想搞好安全生产管理工作，重要的前提就是要使人的能力类型与其从事的工作相一致。善于正确认识和区别不同能力类型的人，并能将其安排到相应的岗位上去，做到人尽其才，才尽其用。这是有效安全管理的标志之一。

5．进行技术培训和安全教育，提高职工的能力

无论是否被安排了适合自己的岗位，职工均应通过培训来提高工作能力。尤其是安全生产知识以及在紧急状态下的应变知识，通过培训让职工掌握，从而增强职工的安全意识和应付突发事件的能力，以保证安全生产。

在安全教育中，还要认识到每个人都蕴藏着内部的潜在能力，即潜能。一个人现在的能力并不代表他将来的能力。在通常情况下，人的潜能远没有充分发挥出来。如何通过激励和教育手段，充分调动职工潜能，最大限度地保证安全生产，是安全管理面临的一个新的课题。

第二节　态度与铁路安全

一、态度的概念与特性

1．态度的概念

态度指人对某一特定的对象所持有的比较稳定的心理和行为倾向。例如，人们在工作中，总是对人或事产生不同的反应，做出各种不同的评价：同意或反对、喜爱或厌恶、接纳或排斥等。这种对人或事表现出来的积极、肯定的或消极、否定的心理倾向，

是一种心理准备状态，它一旦变得比较持久而稳定，就会成为态度。

态度具有相当广泛的对象，既包括自然界的事物和现象，也包括社会现象，如人、物、事件、制度以及相应的思想观念等。例如，在行车安全管理中，企业会有许多安全规章制度。面对这些规章制度，每一位员工都会有自己的评价并且形成自己的态度。有些员工会在认可态度的影响下，在行为方式上去自觉遵守规章制度；而有些员工对规章制度可能有意见甚至反对，在这种态度的影响下，行为方式就可能出现违反规章制度的情形。因此，企业必须引导员工形成正确的安全态度，使企业避免行车事故的发生。

2. 态度的心理成分构成

态度是一种内在的心理结构，由认知、情感与意向三种心理成分构成。

（1）认知成分。它是指人对态度对象的理解、看法和评价。它是构成态度的基础。例如，"我认为行车安全是铁路运输企业效益的保证"，这句话就表明了铁路职工对待安全运输工作的理解和支持。

（2）情感成分。它是指人对于态度对象所持有的好恶的内心体验，如尊敬或蔑视、喜爱或厌恶、热情或冷漠都是人们在相互交往中经常碰到的态度体验。情感成分建立在认知的基础上，构成态度的动力和核心。例如，"我喜欢行车安全管理工作"就是在对安全管理工作重要性认知的基础上产生的喜爱情感。

（3）意向成分。它是指人对态度对象的行为反应倾向，即行为的准备状态，也称行为倾向。它不是行为本身，而是做出行为之前的心理倾向。它在态度中具有指导作用和动力作用，它指导着人对事物的行为方向并制约着人的行为反应，决定着人们将采取哪些行动。例如，对行车安全规章制度中禁止在行车前喝酒的规定是自觉接受还是拒绝等。

以上三种成分之间既相互区别，又相互联系。其中，认知是态度的基础，情感是态度的核心，意向是态度的外观。在通常情况下，这三种成分协调一致，形成一种影响人从事某种活动的心理动力。很多心理学家认为，从某种意义上说，态度的本质就是人们对态度对象情感的强烈程度和趋向。

3. 态度的特性

人的态度通常具有以下四个方面的特性：

（1）社会性。态度不是遗传来的，而是在后天社会实践中获得的。人们在社会活动中，通过与他人的交往，在社会环境条件的长期影响下逐渐形成自己对某一对象的态度。态度一经形成，对人的心理和行为有较大的影响，同时态度又会作用于他人和外部环境，在这种相互作用的社会化过程中，个体态度不断得到修正、改变和完善。因此，态度不是先天的，离开社会便无任何态度可言。

（2）内隐性。态度虽然具有行为倾向，但不是行为本身。所以态度不能直接被观察到。对人的态度只能从人的言行及表情中进行间接的分析和推测，这就是态度的内隐性，或叫潜在性、间接性。

（3）指向性。态度有态度主体（态度持有者）和态度客体（态度对象）。如员工对工作的态度、员工对领导的态度、员工对组织的规章制度的态度等。

（4）稳定性。人的态度一旦形成就具有相当的一贯性、持续性和稳定性，从而成为个体性格特征的一个组成部分，并在个体的行为反应上表现出特有的规律性，使个体易于适应社会生活。当然，态度的稳定性是相对的，随着客观条件和经验的变化，原有的态度可以消除，新的态度也会逐渐形成。

二、态度的功能

态度对人的思想观念、心理活动以及人的行为有着十分重要的影响与作用。它能影响个体对外界的知觉、感情和判断，也能影响人的学习和工作效率，同时它对一个人的职业选择、生活方式与人际关系的协调也有一定的影响和作用。

1．态度对社会性认知与判断的影响

态度一旦形成，便成为个体的一种带有习惯性的反应，成为其性格特征的组成部分。以正确的价值观为基础的科学、客观的态度会对人的社会性认知、判断和行为产生积极的影响。不正确的态度一旦定型化，就变成了偏见。

2．态度对学习的促进与干扰

人们对学习抱有积极、主动的态度，则容易激发其求知欲和学习兴趣，能使人注意力集中、感知敏锐、思想活跃、记忆力增强、学习效率大大提高；而学习记忆的内容与个体的态度不一致时，往往会使个体产生厌烦的情绪，使记忆力降低、思维呆滞、学习效果下降。

3．态度与工作效率

人们一般认为，职工从事自己喜欢的工作，必然会产生高的工作效率。但有实验证明，态度与生产效率并不存在必然的关联。对工作感到满意的职工工作效率可能很高，但对工作不满意的职工其工作效率也可能很高。其原因主要是：对一般职工来说，生产效率并非是最主要的目标，而只是他们借以达到其他目标的手段，如可能有维持生活、尊重、自我实现等目标。因此，即使一个人对生产持消极态度，但为了养家糊口多挣奖金，或为了不拉大家的后腿，或为了不被别人看不起，也会加紧工作，提高工作效率。而对自己工作满意的职工，也有降低生产效率以谋求与众人一致的可能性，以免遭同伴的指责和排斥。因此，态度与工作效率之间有关系，但这种关系远非通常人们所想象的那样简单，影响生产效率的因素很多，有劳动态度、有生产技能、有人的需要、劳动目标及周围环境等。安全管理者应由此得到启发，职工在工作中可以为实现安全操作的目标而牺牲工作效率的目标，关键是根据实际情况创造一种安全需要和氛围。

4. 态度对耐受力的影响

耐受力指个体受到挫折时，能摆脱其困扰而免于心理与行为失常的能力，也就是个体经得起打击或经受得起挫折的能力。有实验表明，人们对挫折耐受力与对引起挫折事物的态度有着密切关系。例如，一个关注职工生命、热爱行车安全管理工作的人，对工作中遭受的挫折会有很高的忍耐能力，不会被困难所吓倒。

5. 态度对相容性、凝聚力的影响

在社会活动中，一个人对自己、对集体、对他人的态度，往往影响他与群体的相容程度；群体成员之间的相互态度，会影响到群体内部的相容性和凝聚力。一般来说，持诚恳、宽容、友好、互助态度的人，群体相容程度高，由这样的成员组成的群体有较高的凝聚力；相反，持虚伪、尖刻、冷漠态度的人，群体相容程度低，由这样的成员组成的群体，凝聚力较低，可能导致人际关系紧张。

6. 态度对工作激励的影响

激励指激发人的动机的心理过程，就是通常所说的调动人的积极性的问题。一些研究证明，态度具有激励作用，它不仅可以通过管理者改善对员工的态度而增强，还要以通过员工自我态度的改善而获得。著名的霍桑试验表明，管理者关心职工的要求，促进上下级之间的感情交流，改善对职工的态度，让职工参与管理，可以激发职工的工作热情，明显提高劳动效率。职工自我态度的改善，如自尊、自重、自爱、自强、自律、自慰等既可以起到自我保护的效应，也可起到调动职工的积极性和创造性的作用。

三、影响态度形成的因素

态度是后天形成的，在形成中会受各种因素的影响，这些因素归纳起来无外乎主观因素和客观因素两种。

（一）主观因素

1. 社会认识

它是指个体对社会对象的了解、判断和分析。对人际关系，对群体和组织、对社会实践等的社会认识是深刻还是肤浅，是全面还是片面，都直接影响着人形成什么样的态度。应该说，社会认识是人的各种社会态度形成的最重要的基础。

2. 知识

知识是态度中的重要因素。知识形成态度，也改变态度。个人某些态度的形成，与其对该对象的认识程度有关，特别是新知识的获得，既可以鉴定原有的态度，又可以改变原有的态度。一般地说，当新知识与原有态度相一致时，原有态度会进一步加强，相反有可能改变原有的认识系统，也可能否定新知识，坚持原有态度。

3. 个体心理

（1）需要。凡是能够满足个体需要的对象，都能使个体产生肯定性的态度，如赞同、喜爱、拥护、支持等；凡是阻碍个体满足需要的对象或能造成个体挫折的需要，个体都持否定性的态度，如反对、厌恶等。因此，管理者应当尽可能地减少人为的挫折因素，在保证实现组织目标的前提下，创造一些有利条件，以满足个体的正当需要。

（2）价值观。人的价值对个体态度的形成具有明显的影响，是态度形成的重要基础。价值观是一个人对客观事物的总体评价。每个人对各种事物的评价，如对自由、幸福、荣辱、苦乐、自尊、诚实等的评价，在心目中都有轻重主次之分，这种主次的排列构成个人的价值观体系，它是决定人们态度与行为的心理基础，并且在一定的历史条件下，一些最基本的价值观也是相对稳定的。

（3）个体心理特征。个体气质与能力也会影响态度的形成。如一般情况下，抑郁质的人比胆汁质的人更容易形成对某些有危险事物的惧怕态度。多血质的人比黏液质的人某种态度的形成相对快些。独立性很强的人不易接受他人的劝告，难以形成新的态度；依赖性强的人态度容易改变，稳定性较差；分析水平高的人善于把握信息、新动态，容易形成某方面的新态度；分析水平低的人，则容易固执己见、墨守成规等。

（二）客观因素

1. 活动范围及交往对象

一个人的态度总是在一定活动中形成和发展的。在各种各样的活动中，有利于活动进行并被环境所认同的态度会得到不断强化，变得日益牢固。同时，人们对各种事物的态度也与他的交往对象有关，即所谓"近朱者赤，近墨者黑"。

2. 团体

同一团体、同一家庭、同一学校的社会成员，在某些方面常具有类似的态度。这是因为：接受相同的教育、知识和影响；对所属团体的认同感使其成员愿意遵循团体的规范；无形中受团体力量的影响，自然也形成与团体一致的态度。

3. 偶发性事件形成的经验

一般来说，人的态度是在经验的积累、知识的吸收、信息的沟通中逐渐形成的，但在许多情况中，偶发性事件所带来的个体创伤或戏剧性经验也可迅速地一次性形成态度。例如，一个小孩第一次吃鱼就被卡了喉咙，他在以后的很长时间内可能不再吃鱼或不喜欢吃鱼。由此来看，"一朝被蛇咬，十年怕井绳"这句话是不无道理的。

四、使职工对行车安全形成积极态度的方法

积极的安全态度的形成与职工的需要及其满意程度、安全知识、工作经验、技术水平及群体的影响等因素有关。为此，可采取下列措施：

1. 改善行车生产的安全条件，提高职工对行车安全工作的满意度

态度的形成依赖事实，改变事实更易使态度改变。在行车安全生产管理过程中，应加强对事故隐患和危害的整治，为职工创造一个安全生产的工作环境，消除职工对运输安全状况的不满情绪。这对企业职工形成积极的安全态度是至关重要的。

2. 加强职工的安全教育和培训

即通过学习安全知识，协助职工形成积极的安全态度。职工的文化程度和安全技术水平与对安全生产的认识水平有关，从而与安全态度的形成有着内在联系。企业可通过各种方式提高职工的文化素质，并创造各种条件，让职工获取安全生产的新知识、新技能，以协助职工建立符合企业安全生产所要求的积极态度。

3. 引导职工积极参与企业的安全活动

组织、引导职工参与安全活动对形成安全的积极态度是十分有效的。例如，让职工参与行车安全管理制度的建立、参与行车安全工作的检查、参与行车事故的处理、参与行车安全技术和知识竞赛、参观行车事故危害展览等。

4. 运用群体的影响

这是指企业正确地应用管理职能，创造具有安全约束力的作业

环境，以利于职工积极安全态度的形成。例如，企业制定的安全生产责任制、安全操作规程等，开始可能仅起到一种强制约束作用，当人们在实践中认识到这些规章制度对企业和自己均有重要意义时，则更易于接受并认真执行，久而久之，就会对安全态度起到积极的推动作用。

群体的影响还表现在企业领导和各级管理人员在行车安全生产中的影响力（以身作则、处处关注职工的生命与健康等）、正确运用激励机制、上下级关系协调等方面。

综上所述，铁路运输企业职工对行车安全态度的形成与转变是一个复杂的心理过程，个人的态度具有内涵性和稳定性，行车安全管理人员应仔细分析研究，采取综合措施，对职工的安全态度进行引导，促使其向积极的安全态度转化。

第三节　有效群体与铁路安全

一、有效群体的概念与基本特征

在诸多的与安全行车相关的群体中，其安全绩效的差别是较大的。如安全绩效高的机班在同等时间内的安全走行公里比其他机班会高出许多，甚至几倍。这种能在安全行车中充分发挥作用、取得应有成效的群体成为有效群体。

一个有效群体具有以下基本特征：

（1）其成员拥有共同的目标和行为规范，具有较强的躯体意识。

（2）其成员能够正确处理群体内的冲突，合作互助，凝聚力强。

（3）其成员素质较高、配合默契、互补性强、心理相容度高。

（4）其成员学习兴趣浓厚、上进心强。

一个群体拥有以上特征的程度决定着它的有效性。拥有的特征程度越高，表明这个群体的有效性越好；反之，群体所拥有的特征程度越低，就表明这个群体的有效性就越差。

二、群体意识与行车安全

群体意识也称集体意识或团体意识，是指群体成员对群体以及自己与群体关系的认识、情感和行为倾向的总和。个体对群体以及自己与群体关系的认识，是形成群体意识的基础。对群体的认识，包括对群体的目标、规范、价值观、群体性质的了解和评价；对自己与群体关系的认识，包括自己在群体中担任的角色，自己在群体中的地位，自己与其他成员的关系，自己对群体的责任、义务和权利的了解。

群体意识的行为倾向，也是群体意识的主要动力。在行为倾向的激励下，群体成员便能够以自己的实际行动来履行自己对群体的责任和义务，自觉维护群体的利益和荣誉。

（一）群体意识的形成

1. 组织参与群体的活动

群体意识的形成过程，也是群体向更高水平发展的过程。群体领导者应该积极组织丰富多彩的活动并引导群体成员积极参与活动，使他们在建设群体的实践中，形成和发展群体意识。

2. 教育引导，提高对个体与群体关系的认识

群体成员对个体与群体关系的认识，是形成群体意识的基础。要使群体成员形成群体意识，首先要提高个体的认识，使他们认识自己与群体的关系及意义，认识自己对群体的责任和义务，以及群体带给个体的意义和价值。领导者应该在提高群体成员认识的基础上，进一步引导群体成员处理好个体与群体的关系，引导

他们积极承担群体的义务，关心群体的利益和荣誉。

3. 制定集体主义的行为准则

合理、可行的集体主义的行为准则，对群体意识的形成有着激励和促进作用。因而，制定集体主义的行为准则，并引导群体成员把行为转化为主观的群体意识，对于提高和强化群体成员的群体意识是十分重要的。

4. 建立良好的群体氛围

建立良好的群体氛围，包括建立良好的群体评价、群体议论等激励措施，对于提高群体成员的群体意识是有所助益的。群体的社会评价和议论对群体意识的形成有着促进和导向作用，激励措施对群体意识的形成有着强化作用。因此，借助于这些手段可以有效地促进群体意识的形成。

5. 发挥群体意识的能动作用

群体意识一旦形成，便会产生实际的影响和作用。群体意识能够使群体成员真正懂得群体规范的本质，激发他们实践规范的自觉性；能够使每一个成员都成为群体活动的主体，让"个体"融化在群体之中，自觉地承担起自己的责任和义务。这样，即使在没有群体规范制约的情况下，群体成员也能自觉地按集体主义的原则调节自己的行为。

（二）群体意识对安全行车的影响

由于群体意识是提高群体凝聚力和士气的基础，是调节人们行为的一种心理倾向，所以对于多工种群体作业的铁路运输的行车安全来说，较强的群体意识有助于提高作业者遵章守纪、标准化作业的自觉性，增强群体成员之间作业中心理上的相容性和互补性，以减少作业过程中的不安全行为、提高群体作业的安全可靠性，有利于安全行车。但对于本位主义较强或群体安全目标与组织安全目标不一致的群体来说，强的群体意识会因目标冲突而干扰组织目标的实现或安全措施的落实，反而起到影响安全行车的副作用。对此要因势利导，及时纠正这种偏差，以保证群体意识在安全行车过程中发挥积极的作用。

三、群体凝聚力与安全行车

（一）群体凝聚力的概念及其特征

群体凝聚力又称群体内聚力或群体吸引力，是指将群体成员吸引在群体内而对他们施加全部力量的总和。既包括群体对其成员的吸引力，也包括群体成员之间的相互吸引力。这一概念与人们日常所说的内部团结的概念相类似。它可以通过群体成员对群体的向心力、责任感、荣誉感等以及成员之间的关系融洽、相互协作、友谊等态度来说明。

群体凝聚力是维持群体存在和发展的必要条件。一个群体如果失去了凝聚力，也就失去了群体的力量和功能，犹如一盘散沙，不仅难以完成组织的任务，甚至会名存实亡。安全行车的实践表明，有效的安全管理需要正式群体的凝聚力作为保证。在凝聚力低的机车组或机班中，安全行车规章制度的执行和标准化作业必然受到较大影响。同时，良好的安全生产条件和环境，规范的安全作业标准，也可以增加群体的凝聚力。

高凝聚力群体的基本特征是：

（1）成员间目标一致，相容性强，信息沟通较为频繁，关系和谐，相互了解较为深刻。

（2）成员归属感强，心系群体，积极参加群体活动。

（3）成员关心群体，愿意承担更多的任务，维护群体的利益和荣誉。

（二）影响群体凝聚力的因素

影响群体凝聚力的因素较多，主要有以下几个方面。

1．奖励方式

群体内部的奖励方式可分为个人奖励和群体奖励及这两种方式相结合的方式等三种。不同的奖励方式会影响群体成员的情感和期望，进而影响群体的凝聚力。西方管理学者认为集体奖励方式可增强群体的凝聚力，而个人奖励方式可增强群体成员之间的竞争力。研究表明，采用个人奖励和群体奖励相结合的方式有利于增强群体的凝聚力。

2．目标结构

群体的目标结构与群体凝聚力也有密切关系。群体成员目标若与群体任务目标不关联就容易降低凝聚力；反之若把个人目标与群体目标有机结合，就能够增强成员的群体意识和凝聚力。

3．满足成员需要的程度

个人参加群体的首要因素，是因为群体有助于满足他的物质需要和精神方面的需求。一般来说，群体对个体各种需要满足度越高，群体就对他越有吸引力，群体的凝聚力也就越大。

4．领导方式

不同的领导方式，对群体的凝聚力有不同的影响。在"民主""专制""放任"等三种领导方式中，"民主"型的领导方式的群体成员之间更友爱，思想更活跃，情绪更积极，凝聚力更高；"专制"型领导方式的群体，成员同领导的关系比较疏远，缺乏工作积极性，群体凝聚力低；在"放任"型领导方式的群体，成员对领导并无好感，群体凝聚力也低。同时，群体的领导们是群体凝聚力的核心，对群体的凝聚力的影响和作用也是很大的。领导们之间若不团结，互相扯皮、拆台，群体就失去了核心，其凝聚力便会降低；反之，领导们团结一致，那么其成员就会紧密地团结在他们周围，从而产生较强的凝聚力。

5．成员的相似性和互补性

所谓相似性，是指成员之间在文化、民族、背景、兴趣、需要、动机、信念、价值观及人格等方面有相同或相似之处。一般来说，成员间的相似性越高，群体的凝聚力也就越大。互补性，指具有异质性的群体成员之间感到彼此在某个或若干方面能够取长补短、互相补充时，也会增加成员间的感情和密切关系，增强凝聚力。

6. 群体的成就和荣誉

当一个群体取得显著成绩，获得组织的表彰，被授予先进、优秀或标兵等荣誉称号时，其群体成员的心理认同会更强烈，每个成员都会有一种自豪感，并尽其所能来维护这种荣誉。一个群体的成就越大，社会和组织对该群体的评价就越高，群体成员的归属感和自豪感就越强烈，群体凝聚力也就越高。

7. 外部的影响

不同群体间的竞争会促使成员更加团结，增强凝聚力以对付这种竞争，外来威胁也会增强群体成员之间依赖性和价值观念的认同，提高群体的凝聚力。

此外，群体规模的大小、人际的沟通程度等因素也会影响群体的凝聚力。

（三）群体凝聚力与安全行车的关系

高凝聚力可能提高安全作业绩效，也可能降低安全作业绩效。这要看凝聚力与群体的行为规范、目标、态度与组织安全目标的符合程度。当群体的安全态度、规范、目标与组织安全目标相一致时，群体凝聚力高，其安全作业绩效也高；反之，当群体的安全态度、规范、目标与组织安全目标不一致时，群体凝聚力高，其安全作业绩效反而会降低。

组织领导应认识到并认真对待群体凝聚力对安全作业绩效的影响，及时了解、掌握和调整不同群体的凝聚力状态，使其成为促进安全行车的动力。对于群体凝聚力低的群体，要仔细分析影响凝聚力的主客观因素，积极引导群体对这些因素加以克服；对于凝聚力高而其安全作业规范达不到标准的机车组或机班，应加强安全检查和指导，并采取措施提高其作业标准化程度，使群体的安全目标与组织的安全目标保持一致。

四、群体士气与安全行车

（一）群体士气的概念和特征

"士气"一词原用于军队，表示军人的战斗意志和集体精神；在管理中，是指群体的作业意志和工作精神，也称"团队精神"。它是成员对群体有认同感与满意感、愿意为实现群体目标而奋斗的一种精神状态，是群体成员在安全行车过程中所形成的共同态度和情绪。

士气高昂的群体具有以下特征：

（1）群体的团结来自内部的凝聚力，而不是起因于外部的压力。

（2）群体成员目标与群体目标高度一致。

（3）群体本身具有适应外部变化和处理内部冲突的能力。

（4）群体成员之间以及成员对群体具有强烈的认同感和归属感。

（5）群体成员都认同群体的存在价值，并具有维护其继续存在的意向。

（二）影响群体士气的主要因素

研究表明，影响士气高低的因素主要有以下几个方面。

1. 群体目标与个体目标是否一致

士气是群体中成员的群体意识，它代表着一种个人成败与群体成就休戚相关的心理。这种心理只有在个体目标与群体目标相一致时才可能产生。这时个体对群体有较强的归属感和认同感，真心实意地为实现群体目标而努力。

2．作业环境与心理条件是否适宜

改善员工作业的物理环境，以人为本，科学合理地安排乘务作业制度，使员工在作业中身心舒畅，减少环境因素和作业制度所带来的焦虑与挫折，使员工对所从事作业充满自信、得到自尊，这些都是提高士气的重要条件。

3．经济报酬是否合理

经济报酬不仅能够满足人们的许多需求，同时还代表了个体在群体中的贡献和成就。按劳取酬、公平分配、合理奖罚，有利于调动员工的积极性；否则，会引起员工的不满而降低士气。

4．个体对作业的满足感

这里是指个体的职业兴趣较浓而获得的对群体的满意感，所带来的士气高涨；相反，对从事职业厌烦的人，由于不能胜任本职工作或不能发挥自己的才能，对群体的满意感低，则士气必然低下。因此，组织应根据现代人力资源管理制度，科学地进行职业选拔和管理。

5．群体领导人是否适宜

群体领导者的素质和管理风格对群体士气影响较大。如果领导者管理得当，公正无私，尊重、信任、关心群体成员，必然会提高成员的士气。

6．成员之间的和谐与心理相容性

群体中领导和成员之间及成员之间关系和睦、相互协调、心理相容性较强，则士气较高；反之，彼此埋怨、相容性差，则士气较低。

7．信息沟通情况

群体上下纵横各环节如果出现信息沟通受阻或变异，领导和成员互不了解情况，皆会引起员工的不满情绪而影响士气。领导若让员工参与决策，进行多种形式的民主管理和双向沟通，有利于提高群体的士气。

（三）群体士气与行车安全

士气是一种行为的心理倾向，士气低落者对行车作业感到痛苦，在作业群体中不能得到满足感而不能够达到标准化作业水平，容易产生疲劳和各种身心疾病，由此而产生不安全行为。由此可见，提高和保持员工高昂的士气，是提高安全行车绩效必不可少的基本条件。

组织都希望其员工既有高昂的士气，又有较好的安全绩效。但士气只是提高安全绩效的必要条件，而不是充分条件，它们之间存在以下较为复杂的四种关系。

（1）士气低，安全绩效也低。这是个体的需求得不到满足和与组织目标不一致时所出现的状态。

（2）士气低，安全绩效高。这是个体的需求虽暂时得不到满足但与组织目标相一致，或采用严格控制的方式出现的状态。由于忽视了个体的需求，这种状态并不能持久维持。

（3）士气高，安全绩效低。这是个体的需求得到满足但与组织目标不一致时出现的状态。

（4）士气高，安全绩效也高。这是个体的需求得到满足又与组织目标相一致时出现的状态。

第四节　激励过程与铁路安全

激励是安全管理的核心问题。在安全行车过程中，每个人都需要激励，包括自我激励、领导激励和同事激励。自我激励就是自我设定安全目标，通过内部刺激，使自己的行为适应标准化作业的过程，有时也称"自我管理"或"自我控制"，心理学称"自我调适"。这是实现行车安全最好的方式。同事激励是作业中的同事间根据共同的安全行车目标相互激励的心理过程，这对于两人机班来说，是较为有效的安全行车激励方式。实际上，在机务现场，三种激励方式灵活综合运用的激励效果比单独运用一种方式更为有效。

一、激励的概念与功能

（一）激励的概念

激励是指激发人的动机使其朝向所期望目标前进的心理过程。从安全行车的角度而言，激励就是如何调动作业者安全行车积极性的问题。

（二）激励的基本特征

1．激励应有具体的对象

在安全行车的过程中，激励的对象是承担行车作业的每一名员工。为了保证实现铁路运输的安全行车目标，必须对每一位作业者进行有效的激励。从广义上讲，安全行车的激励包括对与行车相关的各种群体（如车间、机车队、指导组、机车组和机班等）的激励。这是因为运输组织作为一个系统，由许多具有不同特点和功能的群体所组成，它们以不同形式组合才能形成运输安全行车系统的整体功能。组织内各群体激励的水平，也决定着安全行车的协调功能。因此，激励的对象不仅是安全行车的个体，也涉及运输组织内各群体以及领导的心理行为问题。

2．激励是人的动机激发循环

当人有某种需要时，心理上就会处于一种激励状态，形成一种内在的驱动力——动机，并导致行为指向目标。当目标达到后，需要得到满足，激励状态解除，随后又产生新的需要。可以认为，激励是人的动机激发循环的重要刺激。但是人被激励的动机强弱不是固定不变的，而且激励水平与许多因素有关，如员工的文化构成、价值观，群体目标的吸引力、激励的方式等。

3. 激励的效果可由作业者的行为和作业绩效予以判断

组织或群体对员工进行激励，其动机激发的程度，只能由外显的行为和作业绩效表达出来，这是因为人的行为及其结果是由动机所推动的。

在现代安全行车管理中，激励是调动员工安全作业积极性的核心问题。这种积极性是指人们对安全问题的重视和努力程度，体现在实现安全行车过程中遵章守纪的自觉性、主动性和创造性上。人们的安全行车的积极性是对安全活动、安全职责的一种活跃、能动和自觉的心理状态。它以安全意识和安全态度为个人作业行为的最高调节器，以处于积极活跃状态的动机为核心因素，并且含有对安全行车意义的认识及对实现安全目标可能带来结果的判断，以及对保障行车的兴趣、情感和意志因素等。

（三）激励的方式

1. 目标激励

它是指给员工确定一定的目标，以目标为诱因促使个体努力工作，以实现自己的目标。目标激励以组织的目标为基础，与个体的需要目标结合起来，使组织的目标和个体目标相一致。个体为追求目标的实现会不断努力，发挥自己最大的潜能。

2. 参与激励

它是指让个体参与组织管理，使员工产生主人翁责任感，从而激励员工发挥自己的积极性。员工通过参与组织重大问题的决策、合理化建议和对组织各项活动进行监督和管理，就会亲身感受到自己是组织的主人，组织的前途命运就是自己的前途命运，个人只有依附或归属于组织，才能发展自我，从而激励员工全身心地投入到安全行车作业中去。

3. 奖励激励

它是指组织以奖励为诱因，促使员工采取最有效、最合理的行为。这种激励通常是从正面对个体进行引导。组织应根据安全管理的需要，规定员工的行为如果符合一定的行为规范（如因遵章守纪防止事故），员工可以获得一定的奖励。员工对奖励追求的欲望，促使他的作业行为必须符合行为规范，同时保证组织安全行车。

4. 领导者激励

它是指领导者的品行给员工带来的激励效果。组织的领导者是组织的众目之心，是员工的表率，是员工行为的指示器。如果领导者清正廉洁、严于律己，吃苦在前、享受在后，虚怀若谷、谦虚民主，那么这样的领导者本身对员工就是莫大的鼓舞，就能激发员工的士气。如果领导者再具有较强的业务技术能力和较强的激励能力，有助于员工的需要满足和价值的实现，那么就会对员工产生巨大的激励作用。

5. 公平激励

它是指领导者在各种待遇上，对每一员工公平对待所产生的激励作用。只要员工等量劳动成果给予等量待遇，多劳多得、少劳少得，组织就会形成一个公平合理的环境。

6. 关心激励

它是指领导者通过对员工的关心而产生的激励作用。员工以组织为其主要的生存空间，把组织当作自己的归属。如果组织领导者时时关心员工的疾苦，了解员工的具体困难，并帮助其解决，就会使员工产生很强的归属感，会对员工产生较强的激励效果。

7. 认同激励

它是指领导者对员工劳动成果或作业成就表示认同而对员工产生的激励作用。这是因为大多数人都有自尊的成就需要，在取得一定的成绩后，需要得到大家的认可，尤其是领导者的认可。

8. 惩罚激励

它是指组织利用惩罚的手段，诱导员工采取符合规范行为的一种激励（与奖励激励相反）。在惩罚激励中，组织应制定一系列的员工行为规范和配套的具体惩罚标准，在惩罚时应保持时效上的一致性。

9. 素质激励

它是指在领导者的支持、帮助、关心、培养和使用下，员工通过自身素质的提高，提高实现组织目标的期望水平，从而激励员工更好地工作。

（四）激励的功能

激励是安全行车管理的主要手段，其功能体现在以下几个方面：

1. 提高安全作业绩效

心理学家奥格登从事的"警觉性实验"就说明了激励对作业能力的影响。这个实验表明，经过激励的行为和未经过激励的行为存在着明显的差距。用精神激励法，其误差次数是无激励小组的三分之一；用物质激励法，也可使误差减少一半。这充分说明了激励在安全行车过程中，对于减少作业者的失误率、提高其安全可靠性，具有较为适宜的功能。

2. 有助于实现组织目标

一般来说，群体或组织的目标与其内部员工个体的目标之间，存在着一致性与矛盾性两方面的倾向。群体或组织要有效运行并实现其整体目标，必须对员工个体的目标与群体或组织的目标之间进行调整和控制，以达到目标一致化。这种目标一致化的过程就要靠组织的激励机制来实施完成。

3. 激发和挖掘员工的潜能

通过激励，组织可以充分挖掘员工的作业潜力，发挥其作业能力。美国哈佛大学的心理学家詹姆士教授在对员工的激励研究中发现，按工作时间计酬，职工的工作能力仅发挥出 20% ~ 30%；但是，一旦他们的动机处于被充分激励的状态，他们的能力则可以发挥到 80% ~ 90%。这说明，同样一个人在经过充分激励后所发挥的能力相当于激励前的 3 ~ 4 倍。可见，激励在激发人的潜能方面，具有显著的功能。

4. 激发员工的工作热情和职业兴趣

激励具有激发员工的工作热情和职业兴趣、解决安全态度和安全认识问题的独特功能。在激励中，员工对本职工作产生强烈、深刻和积极的热情，并能以此为动力，集中自己的全部精力为达到预期的目标而努力；激励还使人们对本职工作产生浓厚的兴趣，从而提高安全态度和安全认识，使其对自己的工作产生高度的注意力、敏感性，形成对自身工作的喜爱，增强作业的可靠性，并且能够促使个人的技术和能力，在浓厚的职业兴趣基础上不断提高。

5. 调动和提高员工安全行车的自觉性和创造性

实践表明，激励能提高员工接受和执行规章制度的自觉程度，能解决员工对工作价值和安全行车的认识问题，能使员工感受到自己所从事作业的重要性与迫切性，进而能更主动地、创造性地完成本职工作。

二、激励的过程与模式

研究表明，一个人的作业绩效取决于他的能力和激励水平（即积极性）的高低。可用公式表示为

$$作业绩效 = f（能力，激励水平）$$

根据这个原理，从事作业任务的人员必须具备与其作用相适应的能力，否则就不能胜任该项作业。这种能力包括心理因素（智力、注意力、记忆力、人格、情绪等）和生理因素（健康状况和灵活性）。但是不管人的能力有多强、技术有多高，如果积极性不高，终究还是很难产生较高的绩效。因此，激励水平和能力作为作业绩效这一高速行驶列车的左右两端的轮子，缺一不可。

（一）动机产生行为

1. 行为的产生

人的行为是由动机所推动，而人的动机又是由需要所引起的。人的行为必然是由一定动机引起的，我们把这种由动机引发、维持和导向的行为称为动机性行为。动机性行为是人类行为的基本特征之一。动机具有原发性、内引性和实践性三种特征，并由此引发三种机能：始发机能是人的行为的主动力与根本原因；调节、定向、选择机能使行为朝向特定的方向；强化机能使符合动机的行为加强，反之减弱。

2. 动机与行为的关系。

动机与行为有着复杂的关系。类似的动机可产生不同的行为，如恐惧性动机可引起逃避行为，也可导致攻击性行为；类似的行为可能由不同动机引起，如员工安全生产积极性高涨可能受不同动机的影响，有的是对安全价值的正确认识，由成就感引起；有的是为了荣誉、奖金，由外部激励引起的。

3. 动机产生的条件

动机的产生主要依赖两个条件：一是内部刺激，即对机体的反应发生影响的内部刺激条件，如饥饿、口渴等；二是外部刺激，即对机体的反应发生影响的外部刺激条件，如设备的运转状态、操作要求等。内部刺激与外部刺激交互影响便形成行为的动机，由动机与活动结合而导向动机性行为。由此可知，动机性行为并非单纯由外界刺激而引起的机械反应，而是内外条件交互影响的结果。安全领导者从员工所表现出来的行为中，分析、了解员工的内部需要，并采取有效措施来满足他们的需要，就能唤醒员工安全活动的心理状态，激发他们安全行为的动机，充分调动他们安全行车的积极性。

（二）行为方向与行为控制

正常人的自主行为都是有目标的，这种目标就是行为的方向。从这个角度看可以认为行为是为满足人的欲望、消除人紧张或不舒服的目标而采取的一种手段。当目标达到后原有的需要和动机也就消除了，这时又会产生出新的需要和动机，为满足这种新的需要又会产生出新的行为。"需要—动机—行为"这三者就是这样循环往复的。这种循环往复的变化过程为人们进行有效的安全行车的作业行为控制提供了一定的条件。在安全行车的管理系统中，作业者的作业行为必须控制同时也是可以控制的。通过行为表现与安全目标的偏差分析，及时反馈给行为者就能够控制其行为。

（三）激励的过程与基本模式

激励过程指从人的需要开始，即需要决定动机，动机产生行为，最终实现目标和满足需要而结束的过程。但是作为一个具体的激励来说，过程要复杂得多。根据心理学揭示的规律，人们将需要、动机、行为和目标这些因素起作用的过程衔接起来，构成激励过程的模式，以说明激励过程中各种因素的相互作用和内在联系。激励过程的基本模式如图4-1所示。

这种模式将人的需要分解为自身内部的需要和外部刺激所引起的需要，并分别考虑行为导向目标的两种可能性：达到目标后就会满足这个需要；未能达到目标就会形成挫折心理。得到满足或受到挫折，会导致积极或消极两种行为反应，从而产生新的需要，

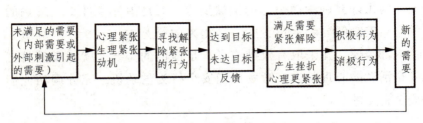

图 4 - 1　激励过程模式

经过反馈后作为未满足的需要，开始新的激励过程。

三、激励的基本原则

实施有效的行为激励，应考虑或遵循以下基本原则。

1. 激励与目标相结合原则

在激励过程中，设置激励目标是一个关键环节，必须同时体现组织目标和员工需要的要求，使这几方面保持方向上的一致，才能起到激励的作用。

2. 物质激励与精神激励相结合原则

物质激励是基础，精神激励是根本。由于精神激励的持久性和稳定性，应在两者结合的基础上，逐步过渡到以精神激励为主。但这两种方式均有"疲劳效应"的特点，并易于从激励因素转变为保健因素，所以还应根据激励目标的不同，采用两者更迭方式。

3. 群体性原则

就是在实施激励或激励过程中，激励范围要尽量宽广，即使是激励一名员工也会影响到全体员工，所以领导者应考虑到激励对全体员工的辐射和影响作用，使其效能最大化；另外，就是奖励和处罚的措施要为全体员工所了解和接受，这样才能起到应有的影响作用。

4. 引导性原则

激励的过程也是行为引导的过程，外部激励只有转化为被激励者的意愿、变为作业者遵章守纪的自觉行为，才能取得激励效果。因此，引导性原则是激励过程的内在要求。

5. 合理性原则

激励的合理性原则有三层含义：一是激励的措施要适度，要根据所实现目标本身价值的大小确定适当的激励量；二是奖惩要公平，不能以奖惩者的好恶或价值偏差随意化；三是奖惩在时效段上要有一致性。

6. 规范性原则

对激励的尺度、标准、范围和原则都应有明确而较为详细的规定，使员工知道他们的作业行为准则，从而能够达到激励的目的，收到激励的成效。

7. 时效性原则

要把握激励的时机，"雪中送炭"和"雨后送伞"的效果是不一样的。激励越及时，其效果就越明显，因此也越有利于将人们的激情推向高潮，使其安全行为持续有效地保持或稳定。

8. 正激励与负激励相结合的原则

所谓正激励就是对员工符合组织目标的期望行为进行奖励；所谓负激励就是对员工违背组织目标的非期望行为进行处罚。正、负激励都是必要而有效的，不仅直接作用于当事人，而且会间接地影响周围的其他人。

9. 按需激励的原则

虽然激励的起点是满足员工的需要，但员工的需要并不是相同的，而是因人而异、因时而异的，并且只有满足最迫切需要的措施，其效用才高，其激励强度才大。因此，领导者必须深入地进行调查研究，了解和掌握员工需要层次和需要结构的变化趋势，有针对地采取激励措施，才能收到应有的成效。

总之，激励应采取符合员工心理要求的多样化的方式，在激励内容和形式这两个纬度上丰富激励的内容，使激励效果更具有积极的意义。

第五章 铁路安全心理教育与分析

第一节 铁路安全心理教育

一、安全心理教育的意义

（一）安全心理教育对提高行车安全是非常必要的

1906 年，有一位美国企业家首次提出"安全第一"的口号，从此，许多企业为减少伤亡事故、降低灾害损失，而开展了各种形式的安全生产、安全教育和安全宣传活动。这种活动不仅使经营者减少了损失，获得更大利润，也使广大职工在工作中增强了安全感。通过安全生产活动，一方面解决一些机械设备上的缺陷，加设安全防护设施；另一方面解决职工的由于心理因素影响造成的不安全行为习惯，提高安全生产意识，主动防止事故的发生。从统计资料来看，由人的不安全行为引发的事故占总量的 88%。铁路行车也是如此，行车事故发生大多数是人的因素所致。因此，加强安全心理教育，对于提高铁路员工的安全行车意识、消除不安全行为习惯、防止行车事故发生是非常必要的。

（二）安全心理教育对提高行车安全是非常有效的

日本的正田亘等人对日本的大手运输公司的汽车驾驶员进行调

查分析。他们把过去三年里没有发生过交通事故、无违反交通规则的人称为安全驾驶员；而把在过去三年里发生三次以上事故和违章者称为事故多发驾驶员；把二者之间的驾驶员称为一般驾驶员。研究发现他们之间的比例关系如图 5-1 所示。但是，经过 2~3 年的安全心理教育后，他们之间的比例关系发生了变化，如图 5-2 所示。

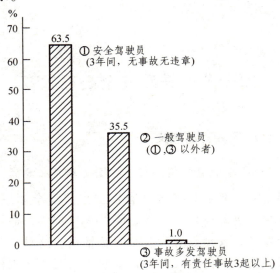

图 5-1 驾驶员的安全水平

从驾驶员安全水平变化的结果我们发现，安全驾驶员不会永远是安全驾驶员，事故多发的驾驶员也可以转变成为安全驾驶员。从安全驾驶员变为事故多发驾驶员，尽管所占比例很低，但它说明对安全驾驶员的安全心理教育也不能忽视。从事故多发驾驶员转变为安全驾驶员或一般驾驶员，所占比例达 85.7%，从这结果来看，只要我们加强安全心理教育，那些事故多发的驾驶员也能重视安全行车，减少或消除事故。这些研究表明安全教育虽不是万能的，但却是非常有效的。

上述研究尽管是针对汽车驾驶中的行为，但由于铁路运输与汽车运输在安全管理中的共性，决定了安全心理教育同样对铁路行车安全是非常有效的。因此，在铁路行车安全管理中我们也同样需要加强对每一位员工的安全心理教育。

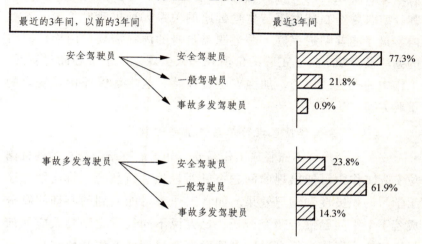

图 5-2　驾驶员安全水平的变化

二、铁路行车安全心理教育的主要内容

（一）安全心理基本常识的教育

铁路行车安全心理教育的内容首先应该是安全心理基本常识的教育。例如，心理健康的标准、安全生产与心理学的关系、个性心理特征与安全的关系、需要动机和行为规律与安全的关系、影响安全的心理因素、行车人员应该具备的安全心理素质、心理保健与调节的常识等，使他们能够自觉运用心理学原理指导行车安全生产与管理。

（二）心理素养教育

铁路行车安全要求职工具有良好的心理素养，这就要求我们加强对职工的心理素质教育。

铁路职工必须学会自我心理修养与调节，以适应环境因素的变化，如当个人的利益与组织的利益冲突时如何面对？家庭出现矛盾或变故后如何调节自己的心态？个性心理特征方面的缺陷如何弥补或改善？心理健康与生理健康的关系如何处理？等等。这些内容最好能够贴近家庭、贴近职工自身的内在需要，用换位思考的办法教育职工树立正确的价值观和人生观，以平常心面对生活、工作中的挫折或压力，加强安全责任感，这也是保证运输安全的重要方面。

（三）结合岗位情况进行应对性策略的教育

安全心理教育不能脱离工作需要，如果能够结合行车的各种岗位实际工作中可能出现的问题有针对性地进行教育，将会增加职工学习的积极性和学习效果。如将工作中可能遇到的心理问题分成若干个小问题进行研究分析，比方说不同气质类型的人应如何保证安全？事故为什么会较多地发生在星期一工作开始和周末工作将要结束的时候？什么样的注意品质对安全有消极影响？侥幸心理对安全的危害如何？怎样调节和控制不良情绪？容易出事故的人的性格特征？家庭关系出了问题怎样保证安全作业？干群关系紧张时要怎么办？班组人际关系状况对安全的影响？并分类列出应对措施，当职工遇到该类问题时就知道该怎么做。也可请那些曾经运用心理调节解决了工作中不稳定心理因素的职工进行现身说法，或者是请那些因为心理调节出了问题的职工谈谈是什么原因导致了安全事故，或者在重大事故发生后请安全心理专家分析事故责任人的心态及后果，从正反两方面让职工比较：工作时能不能走神？该不该有侥幸心理？遵守规章制度与否带来的结果等，能够使职工从现实中接受教育，从而强化安全心理，严格遵章守纪。

三、铁路行车安全心理教育的方法

由于铁路各基层各站段的具体情况不同，加之心理活动本质上就具有极强的活跃性和变动性，因此，我们不可能会找到一套安全心理教育的万全之策。这里介绍几种常见的工作方法。

（一）职业适应性检查

在前面的章节里面，我们已经阐述了人的能力、兴趣、气质、性格与职业活动的性质是密切相关的。如果它们相适应，就能够在自身素质上形成防堵事故的屏障，大大降低事故的发生概率。否则，就如同预埋下了一颗诱发事故的定时炸弹，随时都有可能引发事故。为了做到"预防为主"，我们就应该做到事前就需要从心理因素上对从业者进行职业适应性检查，选择那些心理素质与铁路行车性质相适应的人到行车岗位任职。

从铁路运输企业的性质来看，处在行车一线的员工，如机务、车辆、电务、车务、工务等部门的职工，其职业适应性检查的内容主要包括作业能力检查、识别能力检查、判断能力检查、注意力分配检查、机敏性检查、高速适应性检查，以及性格、兴趣、意志和生活目标调查。

鉴于各种各样的原因，我国铁路人员的进路与工作安排很多时候是指令性的，例如复返军人的安置、职工子女顶职、伤亡家属的安排等，使职业适应性检查往往形同虚设。因此，我们很有必要加强职业适应性检查这项工作，一方面将那些现有不适合从事主要行车工作的"高危"人员调整到非主要工作岗位上去，另一方面在安置新员工时尽可能通过职业适应性检查把他们都安排到适宜的工作岗位上。

（二）建立铁路安全心理教育档案

建立铁路安全心理教育档案的目的在于准确了解和把握职工和

班组的安全动向，实行动态控制，确保运输安全。

铁路安全心理教育档案的内容与形式，可参考表5-1。

表5-1 安全心理教育档案

姓名：_____	出生：_____年____月____日
工龄：_____	本岗位工龄：_____
文化程度：	

健康状况
视力：	视野：	视适应：
听力：	色盲：	明适应：
病史：	血压：	暗适应：
血型：		
饮酒习惯：　克/周		吸烟量：　　支/日

心理状况
性格类型：　　爱好：
气质：　　反应能力：

应激能力：

操作熟练技能：

安全记载
安全知识考试成绩：　　违章情况：
发生事故或防止事故情况：　　安全奖惩情况：

工作时间
每班工作时间：　　每周工作时间：
每月工作时间：　　每月各班工作时间：
每周睡眠时间：　　每周家务时间：
上班途中花费时间：

作业量
每班平均作业量：　　每周平均作业量：
每月平均作业量：　　劳动定额：
工时定额：

工作环境
最高气温：　　最低气温：
气压：　　污染：
噪声：　　湿度：
照明：　　人际关系：

续表 5 – 1

生物节律分析 危险期预告： 临界期预告： 低潮期预告：	
生活变化分析统计 生活事件 1. 爱人状况 3. 亲属状况 5. 疾病 7. 婚姻 9. 休息	2. 子女状况 4. 经济状况 6. 居住情况 8. 休假
累计分值	
特殊情况分析	
综合评价	

（三）满足合理需要，解除后顾之忧

铁路职工在生活或工作中会有许多实际需要，如收入、升迁、住房、医疗、公寓、便乘和子女入托、求学、就业等。这些需要得不到满足或提高将引发职工的心理不平衡，成为事故的隐患和违章违纪的诱发源。因此，在行车安全管理中，要尽可能满足职工的合理需求，帮助职工解决生活或工作中的后顾之忧，即使暂时没有条件不能满足也要做好说服工作，争取职工谅解。这也是安全心理教育的实际内容之一。

（四）加强全方位、全过程教育

在满足职工各种基本需要的同时，还应注意全方位、全过程的安全心理教育。安全心理教育，不能只是在事故发生后才进行，而是重在平时，要利用多种方式，抓住各种契机、各个环节，强化安全意识，提高职工的安全责任感。如，利用系列讲座及感情诱导、激发，进行行车安全心理教育，使职工产生安全的情感体验；除了奖罚外，还可用行车安全谚语和标语警示牌不断地强化职工安全意识，如"安全第一，预防为主""安全行车几十年，事故发生一瞬间""规章一松，事故就攻""汽笛一响，集中思想""旅客靠你安全正点，亲人盼你平安回家"等；利用从众心理抓好班组建设，潜移默化地规范职工行为；班前班后、节前节后多多提醒按章操作，事故发生后多做疏导工作，重在查找原因，划清心理原因与责任感不强的界限，避免逆反心理和消极情绪，帮助职工提高心理素质。

（五）开设心理诊所。进行心理咨询

在现代这个发展迅速、竞争激烈、环境复杂、诱惑多变的社会里，人们的心理负担往往过重，导致形成不健康的心理，如侥幸、冒险、惰性、畏险、逆反、抵触、麻痹心理等，而这些不健康的心理常常成为诱发事故的根源。因此，我们应该开设一些心理诊所，让员工有一个倾诉的、发泄的场所，在他们所需要的时候给他们进行心理咨询和安全心理指导，帮助他们解决心理问题，增强他们适应环境、适应社会的能力，以保证行车安全。

需要指出的是，心理咨询完全是一种正常行为，咨询者完全有能力改变自己的不佳心境，只是在心理医生的指导下，自我调节，使自身潜能可以更好地发挥，这与精神病人根本不是一回事。国际心理科学联合会编的《心理学百科全书》认为："咨询心理学始终遵循着教育而不是临床的、治疗的或医学的模式，咨询对象是人。咨询心理学家的任务就是教会他们模仿某些策略和新的行为，从而能够最大限度地发挥已经存在的能力，或者形成更为适当的应变能力。"

鉴于铁路行车特殊的工作性质，心理咨询的内容应强调以下几个方面：

1．发展心理咨询

（1）青年心理咨询：独立性与依赖性的矛盾；友谊与恋爱；情绪障碍及困扰；成就动机与自我实现；性问题；择偶与新婚；人际关系等。

（2）中年及更年期心理咨询：人际冲突；情绪失调；工作及家庭的适应；更年期综合征等。

2．社会心理咨询

（1）婚恋心理：择偶社会冲突，失恋、嫉妒；夫妻角色适应；离婚心理；再婚心理等。

（2）家庭心理：夫妻关系；子女教育；子女就业；家庭生活安排；上下辈关系等。

（3）不良方式与不良行为的心理咨询：不良处事方式的调整；睡眠障碍；成瘾性物质的戒断；成瘾性精神活动的调整等。

3．安全心理咨询

（1）注意、品质。情绪、疲劳、气质、能力与安全。

（2）人际关系与安全。

（3）事故发生前后的心理状态。

（4）挫折心理教育。

第二节　心理健康与安全心理品质培养

不健康的心理，如侥幸冒险心理、惰性畏难心理、逆反抵触心理、松懈麻痹心理等都可能会引发事故，而健康的心理，如镇定乐观的情绪、认真负责的态度、小心谨慎的性格、一心为公的品质等都有利于保障行车安全。因此，我们应重视心理健康和安全心理品质的培养与自我修养，建一道内在的行车安全防线。

一、心理健康的含义

(一) 心理健康的概念

心理健康是指这样一种心理状态，即对内部环境具有安全感，对外部环境能以社会上认可的形式进行适应。这就是说，遇到任何障碍和困难的问题，心理上都不会失调，都能以社会上认可的行为进行克服。凡具有这种耐性的状态，都可以说是心理健康的状态。

(二) 心理健康的标志

对于铁路行车系统的员工来讲，心理健康应具备以下几个标志。

1. 健康的情绪

情绪稳定与心情愉快是人的情绪健康的主要标志。情绪稳定表示人的中枢神经系统活动的协调，说明人的心理活动的协调；心情愉快表示人的身心活动的和谐与满意，表示人的身心处于积极的状态。

2. 健全的意志

健全的意志，主要是指为了达到一定的目的，自觉地控制自己的行动。这种目的和行动有利于社会；遇事当机立断，即使在执行计划中，遇到情况变化，也善于果断地调整计划；在困难和挫折面前能做出适当的心理反应；对所要达到的目的，能够持之以恒地努力，直至成功；为了适应社会需要而控制自己的思想、情绪和言行。

3. 正常的智力

智力是指人处理问题、解决问题的能力。大多数人的智力属于一般常态水平，智力超常和智力落后都是少数。智力超常与智力一般且能充分发挥自己的潜在素质，是心理健康的表现。而智力落后则是心理不健康的表现；智商正常但不能发挥自身的潜在素质，也不算心理健康。

4．适度的行为反应

行为是人在环境刺激下所产生的内在心理和心理变化的外在反应。适度的行为反应，首先是指一个人的行为内容符合社会规范，并以积极的态度正确对待社会生活的准则；其次是指一个人的行为反应，诸如喜怒哀乐、言谈举止等皆在情理之中。

5．协调的人际关系

协调的人际关系，主要是指乐于和别人交往，有自己的友伴。在与人相处时，尊重、信任、关心、帮助、谅解他人等肯定态度多于对人怀疑、嫉妒、仇视、埋怨、指责等否定态度。

（三）保持心理健康的意义

1．心理健康是职工认识事物的前提

认识事物的发展规律是靠人的观察力、想象力、思维推理力等来进行的，就是说要认识事物，必须有正常的智能。而智能正常是心理健康的一个重要特征，如果不保护心理健康，就有可能失去这种智能，从而也就无法认识事物。在铁路行车工作中，有许多现象和规律是需要员工能够正确认识的，它对保证行车安全、事故处理等工作是非常重要的。

2．心理健康是职工行车安全行为的保证

人的行为是在心理调节下进行的。铁路行车员工安全的行为反应来自健康的心理。因此，只有保持健康的心理，才能保证职工行车行为的安全。

3．心理健康是职工提高工作效率的重要力量

心理和身体是相互作用的。身体健康可以促进心理健康，心理健康也可以促进身体健康。

如果心理不健康，可以导致一些心理性疾病。因而心理健康是

职工保持健康身体的重要条件。

健康的身体是力量的源泉，心理健康能使职工情绪饱满，促进职工间的协作，提高职工的工作绩效。

二、影响心理健康的因素

在生产和生活中有诸多因素影响着职工的心理健康，具体说来主要有以下几种：

1. 紧张的人际关系

我国著名医学心理学家丁瓒教授指出，人类的心理适应，最主要的就是对人际关系的适应。人一旦建立起良好的人际关系，就会增强做好工作的信心，而且会极大地满足社会安全感的基本需要，使心理得到健康的发展。相反，如果不能与其周围的人或组织建立起良好的人际关系，就会使其心理失调，心情压抑、苦闷，长期下去会直接影响人的心理健康，导致各种心理和生理疾病产生。

2. 过重的心理压力

在工作中，人们总会面临各种各样的心理压力。适度的心理压力使人产生一种紧迫感，有助于调动人的智力因素和非智力因素，提高工作效率。而持续过重的心理压力，会使人的大脑神经长期处于高度紧张状态，容易导致高级神经活动功能失调，进一步演变成为心理生理障碍或心身疾病。

3. 不良的个性特征

现代医学和心理学的研究表明，个性与心身健康有着密切的关系。如，一个外向豁达、情绪稳定的人，遇到紧张刺激后，一般能理智地对待，使消极情绪在短时间内平息；而内向神经质的人，通常难以摆脱紧张刺激的影响，使身心受到伤害。又如，美国心理学家弗里德曼和罗森曼将易患冠心病的个性特点称为"A

型人格"，即好竞争，事业心强，有时间紧迫感，做事匆忙，过分勤勉，好急躁，易激怒，忍耐性差等。后来 A 型人格被学者们称为"冠心病人格"。因此，良好的个性才能保证自己身心健康发展。

4. 严重的失意和挫折

人在生活或工作中难免会遭受失意或挫折，这会给自己心理上带来一些不愉快的感受。这种感受，如果得不到缓解，便会造成紧张和焦虑的情绪，严重的能导致心理疾病。

5. 消极的情绪

消极情绪如愤怒、憎恨、忧愁、悲伤、恐惧、焦虑、痛苦等，它既是人们适应环境变化的一种必要心理反应，又容易造成人们心理上的不平衡或生理机能的失调，如果非常强烈或持续出现，将会引起人们心理机能或生理机能发生病变。

三、心理疾病

（一）什么是心理疾病

所谓心理疾病，就是指一个人在情绪、观念、行为、兴趣、个性等方面出现一系列的失调，亦称心理障碍和心理问题。心理疾病不完全等同于"精神病"，首先，心理病患者可以清楚地感觉到自己某方面的不正常，并没有丧失判断能力，行为大多能够自我控制；其次，病人自我感觉十分痛苦，有强烈的求治欲望，病情具有反复性、多变性和不稳定性；第三，心理疾病单纯药物治疗的疗效并不理想，多数病人易受心理暗示的影响；病人病前均有相应的性格或人格缺陷；起病有一定的诱发因素，常在某一种或多种精神因素打击或心理压力下患病。

精神病是由于人体丘脑、大脑功能的紊乱，而导致患者在感知、思维、情感和行为等方面出现的异常现象。它属于严重的心理障碍，患者的认识、情感、意志、动作行为等心理活动均可出现持久明显的异常；不能正常地学习、工作和生活；动作行为难以被一般人理解，显得古怪、与众不同；在病态心理的支配下，有自杀或攻击、伤害他人的动作行为；有程度不等的自制力缺陷，患者往往对自己的精神症状丧失判断力，认为自己的心理与行为是正常的，拒绝治疗。常见的精神病有多种类型，如精神分裂症、情感性精神障碍、脑器质性精神障碍等。

另外，精神病也不同于神经病，它们是不同范畴的两种疾病，其发病原因、临床表现等均不一样，但在日常生活中人们常常把这两种概念混为一谈。

（二）常见心理疾病的类型

1．人格异常

由于人格内在发展的不协调而造成不符合社会要求，甚至超越社会的伦理、道德规范，扰乱他人或危害社会的行为表现，表现为病态人格或称反社会人格以及酗酒、吸毒、性变态等。

2．心身性疾病

人体有病但找不到生理上的原因，即人们常说的"心病"，即心身性疾病。这种病主要是甚至完全是由心理因素引起的，如原发性高血压、冠心病、消化性溃疡、神经性皮炎等。

3．神经症

这是一种由于精神因素造成的常见病，主要有神经衰弱、癔症和神经质抑郁。神经衰弱的病人容易激动，往往会因一些微不足道的事情就会悲痛落泪，有严重的睡眠障碍、多梦；疲乏无力，萎靡不振，注意力不集中，记忆力减退；食欲不振，消化不良；躯体不适，如全身酸痛、肢体蚁走感、麻木感等。癔症，症状多种多样，既可能有精神异常和类似神经病的各种症状，又可能有内脏机能失调和植物神经机能障碍的症状，如抽搐、肢体震颤、瘫痪、麻木、意识蒙眬、情感躁发等。神经质抑郁，表现为夸大自己的挫折与痛苦，精神沮丧，悲观失望，以致引起头痛、失眠，严重时会想到自杀。

4. 精神分裂症

这也是精神病的一种，其发病率在精神病中居首位。此病具有不断发展，慢性进行的病程。其心理异常表现主要是神经活动的"分裂"，即认识过程、情感过程、意志行为和个性特征各方面统一性的失调。精神分裂症通常分为妄想型、紧张型、单纯型、青春型四种。

（1）妄想型。其发病初期表现为敏感多疑，发展下去，便形成关系妄想和被害妄想，认为周围一切都与自己有关，周围一切变化都是有人要伤害自己而故意所为。

（2）紧张型。其发病早期多表现为萎靡不振，食欲不佳，凡事缺乏兴趣，情绪低落。随着疾病的发展，则有紧张性木僵和紧张性兴奋两级综合征出现。紧张性木僵指呆滞、淡漠；紧张性兴奋指行为躁烈、激动，伴有伤人毁物的行为。

（3）单纯型。其早期症状为头痛，精神萎靡，随后性格逐渐变为孤僻，不与人交往，病情严重者与外界完全隔离。

（4）青春型。其发病后情绪不稳定，随着病症的发展，其情感障碍越来越明显，时而极度忧伤，时而极度兴奋。

（三）如何正确认识心理疾病

对待心理失调和心理疾病，我们既不可忽视，又不可丧失信心，要正确认识、正确对待：

1. 患有心理失调或心理疾病并非可耻

这种病并非自己故意所为，所以当患了这种病时，不要觉得难以启齿、讳疾忌医，而是要积极调理医治。本来，心理失调或心理疾病是对环境中人际关系的不良适应，若患者趁病情轻微时，在交往中与人倾吐真情，泄出郁结，则完全有可能改变不良适应行为，促使病情向好的方面转化；反之，如果对人防卫、怀疑、恐惧、该医治时不医治，那么，即使是微不足道的小病也会变得严重起来。

2. 心理失调、心理疾病可以预防

预防的主要办法是搞好自我心理保健和心理卫生辅导咨询。这样，可以排除病因，维持和增进心理健康。

3. 心理疾病可以治疗

心理疾病是心因性疾病，其原因虽难确定，但不致危及生命，如果患者能够了解心理卫生的有关知识，树立信心和具有毅力，保持乐观态度，并早日求医，配合治疗，心理疾病或者有可能"不医而愈"；或者经过医治，根除疾患而恢复原有的适应行为和健康心态。

四、铁路安全心理品质

（一）安全心理品质

铁路运输生产是工作性质十分特殊的行业，铁路职工的心理品质要求也不同一般。满足这种特殊心理品质要求的需要，是铁路运输安全生产的现实基础和必备的主观条件，也是每一位铁路职工进行安全心理品质修养、提高心理素质水平，为铁路运输生产安全提供切实的主观保障的重要环节。为此，就必须首先明确，什么样的心理品质才是铁路行车安全应具备的心理品质。我们认为，铁路行车安全心理品质应具备如下的要求：

1. 良好的职业动机

职业活动的效果主要取决于职业活动者的两个方面，一是能力的强弱，二是职业动机的优劣。所谓职业动机，就是激起和维持人的职业活动的一种需求意识，它是我们从事职业活动的直接动力。职业动机的优劣，直接关系到这一动力的量能大小和动力维持的长短，因此，只有良好的职业动机才是干好工作的恒动力。判断职业动机优劣的标准较多，最基本的就是你所产生的需求意识是否与社会利益相符合。

2．高尚的职业道德品质

具有高尚职业道德的人，其心理品质一般来说都是健康优良的。因为职业道德品质是靠人们的内心信念来维系的，是各种关系如社会关系、人际关系、利益关系等等的调节器。高尚的职业道德品质给人们一个全新的视野和独特的视角。例如，当我们遇到不太好的工作环境时，会拥有正确的苦乐观，以苦为乐，做好工作；工作中遇到困难的时候，能以坚定的信念迎难而上。因此，高尚的职业道德品质是构成铁路职工安全心理品质的重要内容。

3．坚强的意志品质

人们自觉地确定活动目的，并为实现预定目的，有意识地支配、调节其行为的心理现象，我们称之为意志。遇到困难和曲折时的坚定与动摇、恒毅与退缩，在紧急关头或重大问题处理时的果断和犹豫，在受外界某种因素作用时的自律与放纵，都是意志品质表现。

4．多方面的能力品质

铁路运输生产过程主要体现在运动中，运动中遇到的情况是千变万化的，铁路行车系统中的职工只有具备多方面的能力品质，才能在这多变的环境中，保证运输生产的安全。其主要的能力品质包括：观察能力，注意能力，反映能力，判断能力，分析能力，表达能力，管理能力，社交能力等。

（二）安全心理品质的培养

安全心理品质不是一朝一夕就能养成的，它需要我们在生活和工作中长期坚持修炼与培养。具体培养途径有以下几种：

1. 建立自我心理防卫体系

自我防卫体系，是指个人能明确地认识到心理健康的意义、标准、产生心理障碍的原因及防止产生的方法，自觉地运用心理的防卫机制来调节自身的心理活动。要做到自卫，最重要的是自己必须建立科学的世界观、价值观，具有坚强的意志与信念。只有这样，才能有正确的思想意识和思想方法，减少内因性挫折和正确对待外因性挫折；才能克服困难，战胜困难；才能具有乐观的生活态度、健康的情绪。

2. 培养高度的责任心

责任心是做好一切工作的保障，培养自己的责任感，要做到以下几点：

（1）学会爱生命、爱自己、爱家人，一个既热爱生命又热爱自己和家人的人才会热爱自己的工作，才会时时处处把安全摆在第一位。因为他知道，安全对自己和家人意味着什么。

（2）树立一定的理想和信念。有了理想和信念，我们的生活和工作就会有方向、目标，我们的工作就会有动力、有信心、有责任感。即使我们遭遇各种挫折和失败，理想和信念也会驱使我们努力克服困难、战胜挫折。否则，我们可能就会丧失信心，跌入心理暗区。

（3）学会自我调适，善于驾驭个人情感，不让消极、颓废等不良心态控制自己。

3. 培养良好的自我意识

自我意识就是了解自己和接受自己。了解自己就是正确认识自己的优点、缺点、能力、兴趣等。这样就会在任职、择友、成家的过程中做出正确的选择，并且增加成功的机会，保持自己的身心健康；如果不能正确认识自己，就会在现实生活中感到怀才不遇，因愤世嫉俗，狂妄自大，给自己带来烦恼和悲伤，结果不仅得不到应有的业绩，而且还使自己的身心健康遭到损害。接受自己，就是承认自己现实的不利情况。即使自己在某些方面有些缺陷，甚至这种缺陷可能是无法改变的，但也不要自卑，因为除了有缺陷外，还有自己的长处和优势，发挥自己的长处和优势同样会取得成功。这样，就可以做到首先接受现实的自我，然后去创造一个理想的自我，而又能维护自己的心理健康。我们可以从如下几个方面认识自己：

（1）通过同别人的比较来认识自己。只有参照别人的能力和品质，才能对自己作出评价，如想了解自己的工作能力，就可把自己的技能、业绩与同班组的师傅们进行比较，这样就能更好地扬长避短，不断提高自己。如要了解自己的敬业精神和安全意识，可以与那些百万公里无事故的乘务员们比比，以便更好地律己。

（2）根据他人对自己的态度来认识自己。因为人的种种思想品质、心理特质常常会在其言行中自然而然真实地表露出来，从别人对自己的印象和评价中，可以得到某些客观资料。领导不愿把重要工作安排自己做，说明自己的工作能力还有待提高；同事不愿和自己交往，说明自己应增进社交能力。

（3）通过分析自己活动的成果来认识自己。比如说段里的技术比武自己敢不敢报名？有没有获得名次？提到安全标兵，人们会不会提到自己的名字？等等。

（4）通过学习来认识自己。安全搞得好不好，有时是一个综合素质问题，只有不断学习和进取才能发现自己的潜能，了解自己。面对铁路技术不断创新、发展越来越快、竞争越来越激烈的环境，自己能否适应，唯有不断学习才能了解。

当然，这些方法都各有其局限性，我们必须从不同角度进行综合分析，以获得对自己比较正确的认识，在认识自己的基础上，还要采取正确的态度对待自己。对优点、长处和成绩应该肯定，但不可居功自傲，盛气凌人；也要勇于面对自己的缺点、不足和挫折，分析原因，找出克服和弥补的方法，切不可消极悲观。

4. 培养良好的职业适应性

职业适应性前面我们已经讲过，有了它，不仅能使自己的潜能得到充分发挥，而且能保障工作的安全性。培养职业适应性就要做到以下几个方面：

（1）立足本职工作，发掘工作新意。一般说来，任何工作干久了就会觉得乏味、厌倦，尤其铁路行车工作更是如此。但这对铁路行车安全无疑是一种潜在的危险。因此，我们应该善于在平凡的工作中找出兴趣、发掘新意。例如，当你将来自四面八方的旅客安全送到目的地时，想象着他们与亲人团聚的喜悦，想象着他们又开始了新的一天丰富多彩的生活，你就会觉得自己的工作是那么的有意义、有价值了。

（2）升华工作动机。单一动机往往会使兴趣变得狭窄，是造成工作餍足心理的重要原因。

如职工到铁路工作仅仅是为了养家糊口，那么他会很快对工作失去动力和兴趣，不求上进。可见，不断升华工作动机，就会不断增强职工的工作动力，使其不断向新的目标迈进。

5. 提高人际交往能力

人际交往是认识自我、形成健全人格、适应社会生活和工作的基本途径，保持和谐的人际关系，对我们的工作、学习和生活意义重大，同时和谐的人际关系本身也是调节心理的重要方法。人际关系的处理，应该注意的问题很多，这里强调与安全心理品质有关的几个方面。

（1）处理好与懒散同事的工作关系。遇到了比较懒散的同事，决不可迁就，更不能与其同流合污，要该讲的要讲，当然，讲的时候要注意策略，争取同事接受意见、改掉毛病，不要怕得罪人。另外，自己要多负责，多操心，不能因为你懒我也懒，大家都不干，从而造成事故。

（2）注意正确面对受挫折的同事。当遇到挫折时人会有一种紧张状态和情绪反应，一般有两类：一类表现为侵犯性行为，如对人怒目而视，无理取闹甚至拳脚相加，也有的表现为迁怒于物，乱扔东西。这种类型的人在气质上大多属于胆汁质，易冲动，遇挫折通过情绪爆发来平衡心理。与这类受挫者相处，应提供机会让他们把郁结于心的痛苦、烦恼宣泄出来，若用压抑的办法，会引起强烈反抗。另一类表现为情绪萎缩，如茫然无措、抑郁、冷漠、呆滞等。此类人气质多倾向于抑郁质，遇到挫折时，他们往往是通过情绪的进一步压抑来达到心理平衡。与此类受挫者相处，切不可触及痛处，这样会刺激他更深的压抑感，宜采取补偿法，即从各方面关心、帮助和鼓励他，让他感受到生活的温暖，增强战胜挫折的信心。

（3）避免固执己见。这是一种偏执情绪，有这种性格的人对批评特别敏感，好胜心强，有强烈的自尊心，看问题主观片面，往往会言过其实。另一方面又自卑，好嫉妒，遇挫折时常迁怒于人而宽恕自己。对于安全来说，其危害也是显而易见的，因为在一个需要合作的环境里，个人的偏执会带来很多麻烦，如人际关系不协调，也可能会明知其错而为之。这对安全是非常危险的。

（4）克服嫉妒心理。嫉妒是一种狭窄自私心理。它的存在使人产生对立、分裂的人格，会使人对优胜者的失败幸灾乐祸，会使人中伤、告密以致攻击优胜者，这于人于己都不利，对安全就更不利。要克服嫉妒心理，应是以积极、乐观、自信的态度来对待人生，如把嫉妒心理转化为进取、向上的动力。当客观因素影响我们进步时，也要以宽广的胸襟接纳一切。对别人的成功不是想办法诋毁，而是学会欣赏，学会学习。

6．提高组织管理能力

如果自己是一名管理人员，那么就要努力成为一名合格的管理者。要成为一名合格的管理者，需具备许多能力和素质，这里只强调几个方面：

（1）要加强管理理论学习。管理是一种比较复杂的工作，要求管理者必须具有一定的组织管理能力，凭经验或感觉去管理难以实现管理的高效化。因此，作为一名管理者必须要学习相关理论与技术。

（2）要以身作则，身先士卒，提高自己的影响力。

（3）要认识下属、关爱下属。作为管理者，要善于与下属进行有效的沟通，拉近与下属的距离，了解下属的喜怒哀乐，多给予关怀或关爱，做到"喜事必贺，丧事必慰，有病必探，有难必帮"；同时，也要善于观察下属的言行举止、情绪变化，对异常举动，要及时妥善处理，防患于未然。

（4）要善于推功揽过，勇于负责，赢得同事的信任和尊重。

7．适度休息和积极工作

休息娱乐可以缓解紧张的情绪，保持工作精力，因此，必须很好地休息。但是休息要适度，如果天天无所事事，好逸恶劳，贪图玩乐，就会招致某些欲望过度而使身心疲惫，且会消耗许多时间，耽误自己的业绩，结果只能徒劳伤悲。因此，在适度休息的同时，要积极地工作，做到劳逸结合。积极工作不仅对社会有益，而且对个人心理健康的维护也有极大好处。通过工作可以实现个人的价值，又可以使人在团体中表现自己，既能使人尝到成功的滋味与乐趣，又能使人提高自己的社会地位，从而获得心理上的满足。

总之，我们要加强对职工安全心理品质的培养，尽量避免职工出现心理疾病，对心理疾病做到早发现、早调理、早医治、早处理，确保行车职工心理健康、适应岗位，使职工在身心方面和能力方面都能达到行车安全的要求。

第六章 风险及风险管理概述

第一节 风险管理的概念与作用

风险管理是涉及社会政治、经济领域的重要课题，是复杂、普遍的系统工程，是对各种风险事故的预警、规避，是对已经发生损失的处理。从风险管理主体的角度来看，国家、企业、家庭和个人都需要管理各种风险。风险管理的内容很丰富，涉及社会政治、经济生活的方方面面，运筹学、概率统计、系统论、控制论、计算机技术等为风险管理提供了先进的技术手段。风险管理作为一门新兴的、跨专业的管理学科，涉及金融学、财务管理学、数学、投资管理学、社会学、心理学等多门科学。

一、风险管理的概念

风险管理是研究风险发生规律和风险控制技术的一门新兴管理科学，是指风险管理单位通过风险识别、风险衡量、风险评估和风险决策管理等方式，对风险实施有效控制和妥善处理损失的过程。如图 6-1 所示为风险管理程序图。

风险管理作为一门新兴管理科学，具有管理学的计划、组织、协调、指挥、控制等职能，同时又具有自身的独特功能。对于风

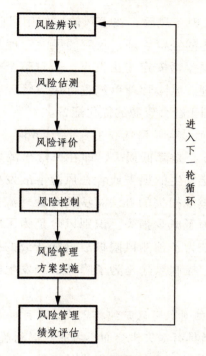

图6-1 风险管理程序

险管理的概念可以从以下几个方面进行理解。

1. 风险管理的主体是风险管理单位

风险管理的主体是风险管理单位，其可以是个人、家庭和企业，也可以是政府、事业单位和社会团体，还可以是跨国集团和国际联合组织等。为了说明问题的需要，这里将风险管理的主体统称为风险管理单位。不论风险管理单位的所有制性质、组织结构有何不同，风险管理所依据的管理理念、管理技术和管理方法等却是相同的，都是寻求以最小的成本来获得最佳的处理风险事故的方案。但是，不容忽视的是，风险管理的主体不同，风险管理的侧重点也会有所不同。个人、家庭的风险管理是对人身风险、家庭财产风险和责任风险的管理；企业的风险管理是对企业生产风险、销售风险、财务风险、技术风险、信用风险和人事风险的管理，不同于企业的经营管理；政府的风险管理是以维护政府机构业务活动和人民生活安定为出发点，是对整个社会生命、财产和责任风险的管理。风险管理单位进行风险管理有利于减少社会资源的浪费，有利于社会资源的优化配置。

2. 风险管理的核心是降低损失

风险管理的核心是降低损失，即在风险事故发生前防患于未然，预见将来可能发生的损失或者在风险事故发生后，采取一些消除事故隐患和减少损失的办法。从风险管理流程看、风险管理的每个环节都是为了减少损失。识别风险是为了减少风险事故的发生；评价风险是为了预测风险事故可能造成的损失，预先做好减少损失的安排；控制风险是为了降低已经发生的风险事故所造成的损失。

3. 风险管理的对象可以是纯粹风险，也可以是投机风险

纯粹风险是指具有损失机会而不可能获得利益的风险。投机风险是指既有可能获利，也有可能损失的风险。传统的风险管理理论认为，风险管理的对象是纯粹风险，而不包括投机风险。目前，美国一些专家认为，风险管理不仅应该包括纯粹风险，而且还应该包括投机风险。这是因为，尽管纯粹风险和投机风险具有不同的特征，但是没有适当的标准将纯粹风险和投机风险区分开来。特别是随着国际金融的发展和金融投资风险的增大，金融风险已经成为风险管理的重要内容。金融风险主要存在于银行、保险和证券投资等领域，金融风险管理以系统方法来处理特定的金融风险，如信用风险、货币兑换风险、交易风险和证券投资风险等，并积累了丰富的经验，已经成为金融企业风险管理的重要内容之一。例如，1995 年巴林银行因外汇投机而导致的破产，1992 年澳大利亚维斯特派克（Westpac）公司 1.5 亿美元的坏账被注销等，

都说明加强金融投资风险管理已经成为风险管理领域不可忽视的重要内容之一。总之，不管引发经济损失事件的原因如何，风险管理已经越来越重视对投机风险的管理，风险管理的对象已经扩展到了投机风险方面。

4. 风险管理过程是决策的过程

风险识别、风险衡量和风险评价是为了认识、评价风险管理单位的风险状况，解决风险管理中的各种问题，制定管理风险的决策方案。风险管理目标的确定、风险识别、风险衡量、风险评价和风险控制等，都是为了确定最终的风险管理方案。从这一角度来看，风险管理过程实际上是一个管理决策的过程。

二、风险管理的作用

有效的风险管理对保障风险管理单位的财产和人身安全具有积极的作用，风险管理的作用主要体现在以下几个方面。

（1）预防风险事故的发生。风险管理可以将许多风险隐患、危害消灭在萌芽状态，预防风险事故的发生，保护风险管理单位的财产安全和人身安全。

（2）减少风险事故造成的损失。风险管理使风险管理单位充分认识到自身所面临风险的性质和严重程度，并采取相关的风险管理技术，以减少风险事故造成的损失。

（3）转嫁风险事故造成的损失。风险管理通过缴纳一定的费用，有计划地将重大风险事故造成的损失转移给保险公司或者其他单位，从而转移风险事故造成的损失。一旦风险管理单位发生重大风险事故，转嫁风险的机制可以使风险管理单位获得及时、有效的经济补偿。现代风险管理克服了传统的以保险为单一转嫁风险机制的局限性，综合利用各种控制转嫁风险的措施，使风险管理单位处理风险的方式日趋完善。

（4）保证风险管理单位的财务稳定。风险管理有助于防止风险管理单位由于资金紧张而陷入困境，保证风险管理单位的财务稳定，有利于风险管理单位长期、稳定地发展，降低风险管理单位的管理成本，增加风险管理的经济效益。

（5）营造安全的社会环境。风险管理通过自身的运作机制，防止了许多重大风险事故的发生，有利于营造安全稳定的生产、生活和工作环境；有利于企业提高经济效益，激发员工工作的积极性；有利于家庭成员解除后顾之忧，安心工作；有利于社会的稳定，优化社会资源的配置。

第二节　风险管理的产生与发展

风险是伴随着人类的产生、发展而发展的，而风险管理理论的产生和发展则是科学技术、生产力发展到一定阶段的产物。

揭示风险管理理论产生和发展的历史，可以加深对风险管理的理解。

一、风险管理理论的产生和发展

自古以来，风险管理就已经存在，它是人类为了生存而必然采取的措施之一。史前人类结为部落，共同承担风险、分担责任、共同分享劳动成果的方式，就是风险管理的一种方式。只是这种风险管理的方式，没有能够以学科理论的方式确定下来。

企业风险管理思想的萌芽是伴随着工业革命的进程而产生的。工业文明的发展促进了生产力的高度发展，促进了社会财富的急剧增加。但是，与之相伴的是巨大的财产损失和人身伤亡事故的增加，这不仅影响到企业的经营和发展，也影响到员工的生命安全。

　　1906 年，美国 US 钢铁公司董事长 B．H．凯里从公司多次发生的事故中吸取教训，提出了"安全第一"的思想，并将公司原来的"质量第一，产量第二"的经营方针改为"安全第一，质量第二，产量第三"，这一改变保障了企业财产和雇员的安全。他的思想在实践中获得了较大的成功，并震动了美国实业界。1912 年，在芝加哥创立的"全美安全协会"研究制订了有关企业安全管理的法律草案。1917 年，英国伦敦也成立了"英国安全第一协会"。1916 年，被称为"现代经营管理之父"的德国管理学家亨利·法约尔在其代表作《工业管理与一般管理》中提出，企业经营有六种职能，即技术职能、营业职能、财务职能、安全职能、会计职能和管理职能，并认为安全职能是所有职能的基础和保证，是控制企业及其活动所遭遇的风险、维护财产和人身安全的保证。

　　1929—1933 年，世界经济陷入了严重的经济危机。面对经济衰退、工厂倒闭、工人失业和社会财富遭受的巨大损失，人们开始思考采取有效的措施来减少或者消除风险事故给人类带来的种种灾难性后果，采取科学的方法控制和处理风险。1931 年，在美国经营者协会（AMA）的大会上，明确了对企业风险进行管理的重要意义，并设立保险部门作为美国经营者协会的独立机构，该保险部门每年召开两次会议，除了从事保险管理外，还开展有关风险管理的研究和咨询事务。从此，管理企业风险的人被称为风险管理人或风险经理。1932 年，由企业风险管理人员共同组成了纽约投保人协会（Insurance Buyers of New York），彼此交换风险管理的信息，并研究风险管理的技术和方法。

　　20 世纪 50 年代，风险管理以学科的形式发展起来，并形成了独立的理论体系。风险管理理论最早起源于美国，并在美国获得了广泛的发展。推动风险管理理论进一步发展的原因主要有两大事件。1948 年，美国钢铁工人工会与厂方就养老金和团体人身保险等损失问题进行谈判。由于厂方不接受工会所提出的条件，导致钢铁工人罢工长达半年之久。这提醒人们，在科学技术迅猛发展的同时，也要重视科学技术带来的巨大风险，重视对引起事故的各种风险因素进行科学、规范的分析和管理。1950年，美国的加拉格尔在调查报告《费用控制的新时期——风险管理》中，首次使用了风险管理一词。

如果说，20世纪50年代以前，企业仅仅将保险作为处理风险的唯一方法，那么，20世纪50年代以后，风险管理的方法进一步扩大，特别是到了20世纪60年代，很多学者开始系统研究风险管理的方法，并寻求风险管理方法的多样化。1963年，美国出版的《保险手册》刊载了梅尔和赫奇斯的《企业的风险管理》（Risk Management in the Business Enterprise）一文，1964年，威廉姆斯和汉斯出版了《风险管理与保险》（Risk Management and Insurance）一书，引起了欧美各国的广泛重视。概率论和数理统计的运用，使风险管理从经验走向科学，并发展成为一门独立的学科。

与此同时，有关风险管理的教育也在美国率先展开。1960年，美国华裔学者段开龄博士在亚普沙那（Upsala）大学企业管理系率先开出"公司风险管理"这门课程。到20世纪70年代中期，美国许多大学的工商管理学院及保险系普遍讲授风险管理课程，将风险管理的教育和培训贯穿于经济管理课程之中，许多大学将传统的保险系更名为风险管理与保险系。有关保险团体也纷纷改名，如"全美大学保险学教师协会"更名为"全美风险与保险学协会"。

20世纪70年代中期以后，风险管理在欧洲、亚洲及拉丁美洲等一些国家获得了广泛的传播。1970年，联邦德国引入美国风险管理理论，并形成了自己独特的理论体系。20世纪70年代以后，法国引入了风险管理理论，并在国内广泛传播开来。1976年，查邦民尔在其所著的《企业保全管理学》中，就防止意外风险的发生，以及有关法律上的保护、预防和保险等问题进行了综合论述。1978 年，考夫出版了《风险控制学》，将控制意外风险事故作为企业经营管理的核心，开展了经营管理型的风险管理研究，形成了独立的风险管理理论体系。1986 年，欧洲 11 个国家共同成立了"欧洲风险研究会"，进一步将风险研究扩大到国际交流的范围，英国因此也成立了"工商企业风险管理与保护协会"（AIR－MIC）。

20 世纪 70 年代初期，风险管理的理念也开始传入日本和中国台湾，但是，风险管理的实务在亚洲的发展却比较缓慢。相比较而言，菲律宾与新加坡则不同，风险管理实务在这两个国家最先获得了广泛的发展，为适应风险管理实务的需要，风险管理理论方面的研究也随之发展起来。

中国内地对风险管理的研究则始于 20 世纪 80 年代后期，一些企业引进了风险管理和安全系统工程管理的理论，运用风险管理的经验识别、衡量和估计风险，取得了较好的效果。企业的风险管理实践推动了风险管理理论的研究，为适应经济发展的要求，我国高等院校普遍开设了风险管理的课程。目前，风险管理理论和实务在我国还仅仅处于初步发展的阶段，有关风险管理方面的论文和教材也比较少。随着科学技术发展带来的负效应逐步加大，随着政府对风险管理的重视，随着企业发展的深化，随着个人风险管理意识的增强，风险管理的理论和实务必将在我国获得较大的发展。

二、风险管理理论产生和发展的原因

工业革命以后，新技术、新成果在生产领域的广泛应用带来了新的、更大的风险，风险事故造成损失的程度和范围也逐步扩大，这就促使人类要进一步提高安全管理意识，加强风险管理。促使风险管理理论的产生和发展的原因主要有以下几个方面。

1. 巨额损失的机会增加

随着科学技术的发展，企业生产的规模不断扩大。在企业生产中，任何疏忽大意或者不规范操作，都有可能带来巨额的经济损失，在投资决策中，投资决策的失误也会造成企业财产、人员的巨大损失。巨额损失机会的增加，促进了风险管理理论的产生和发展。例如，1953 年 8 月 12 日，通用汽车公司在密歇根州的一家汽车变速箱工厂发生火灾，造成损失 5 000 万美元，是美国历史上最为严重的火灾事故之一。重大风险事故的不断发生提醒人们，加强对风险事故的管理，可以减少不必要的经济损失。

2. 损失范围的扩大

生产的社会化和专业化，使企业之间的联系变得越来越紧密。一个企业或地区发生风险事故，可能会危及整个国家的经济，甚至可能会危及世界经济。例如，20 世纪 20 ~ 30 年代的经济危机，使整个世界经济遭受了不同程度的损失，全世界的生产能力衰退。又如，1998 年，由泰铢贬值引起的金融危机，不仅影响到中国、日本、东南亚国家和地区的经济发展，而且也影响到了欧洲、美洲、大洋洲等国家和地区的经济发展。损失范围的扩大是风险管理理论产生和发展的另一个重要原因。

3. 风险意识的增强

随着生产的发展和人民生活水平的提高，社会福利水平也在不断地提高，国家、企业和个人采取各种措施规避风险的意识和能力增强，这在客观上促进了风险管理理论的产生和发展。政府开展的养老保险、医疗社会保险、失业保险、工伤保险、社会救助等社会保障措施，对于降低风险、解除人们对风险的忧虑和恐惧具有积极作用。同时，企业和个人为了规避风险，举办企业年金计划和投保商业保险等行为，又进一步强化了人们利用风险管理增进福利水平的意识。风险意识的增强，促进了风险管理理论的产生和发展。

4．利润最大化的追求

企业能否获得利润是企业生存和发展的前提条件。企业在生产和经营中，追求的目标是实现利润最大化，然而，企业利润的获得是以承担一定的经营风险为条件的。例如，投资损失风险、风险事故造成的财产损失风险、人员伤亡风险等。由于企业存在着同生产和经营相伴随的损失风险，会迫使企业投资者采取各种措施，尽量避免生产经营中可能出现的各种不利后果，这样，才能保证企业的持续、稳定发展。

5．社会矛盾的突出

目前，社会矛盾和政治风险导致企业损失的风险越来越大。例如，战争、种族争端、劳资矛盾等都使国家、企业和个人面临损失的不确定性增加，而且社会矛盾造成的损失程度越来越大，这一切都会使国家、企业和个人寻求各种方法规避面临的风险。例如，出口信用保险就是国家为鼓励出口，以政府直接承保或者间接承保风险的经营方式，来保障出口商因进口商的商业风险或进口国的政治风险而遭受的损失，这种信用保险保障了本国出口企业的利益。

第七章　风险控制技术

　　风险管理单位在风险识别和风险评价以后，需要考虑进一步选择风险控制技术的问题，以达到减少事故损失的目的。风险控制就是在风险识别和风险分析的基础上，针对存在的风险因素，积极采取控制措施，以消除风险因素或减少风险因素的危险性，在事故发生前，降低事故的发生概率；在事故发生后，将损失减少到最低限度，从而达到降低风险承担主体预期损失的目的。风险控制是风险管理中的一部分，也是整个风险管理成功与否的关键。

　　风险在很大程度上是不可避免的。风险控制的目的就是采取各种可行的必要措施，最大限度地降低风险事故发生的概率和减少风险带来的损失。

　　控制型风险应对技术多种多样，不同的应对技术有着不同的理论基础，对意外事故的因果关系存在不同的理解。尽管不同理论存在各自的侧重点，但其共识是：风险是可以控制的，事故是可以预防的；损失直接来源于意外事故，而事故又起因于各种风险因素，而风险控制的关键在于消除或减少风险因素。

　　一般来说，风险控制技术主要包括风险规避、损失控制、风险转移和风险保留三种。其中，风险转移可以分为非保险转移和保险转移两种。

第一节　风险规避

风险规避是指考虑到影响预定目标达成的诸多风险因素，结合决策者自身的风险偏好和风险承受能力，从而做出的中止、放弃某种决策方案，或者调整、改变某种决策方案等措施，以放弃原先承担的风险或者完全拒绝承担风险的风险处理方式。风险规避是一项有意识不让个人或者企业面临特定风险的行为。从某种意义上说，它是将风险发生的概率降低为零。风险规避是各种风险应对技术中最简单的方式，同时也是较为消极的一种方式，它可在事前、事中使用。在事先放弃某项活动，从而避免该活动可能带来的风险，或在计划进行过程中变更某项计划，从而避免原计划可能带来的损失。事中的风险规避技术只能防止风险暴露的进一步扩大，而不能消除已有的风险暴露。

一、风险规避的方式

风险规避是风险管理单位设法回避损失发生可能性的行为，风险规避的方法主要有两种：完全拒绝承担风险和放弃原先承担的风险。

1. 完全拒绝承担风险

完全拒绝承担风险的特点在于风险管理者预见到了风险事故发生的可能性，在风险事故未发生之前进行处理。例如，铁路车辆上线前进行严格的检查，并对车辆设备在使用周期内进行更换。

2. 放弃原先承担的风险

放弃原先承担风险的特点在于风险因素已经存在，被风险管理者发现，及时进行了处理。例如，某铁路线路区段由于线路基础不良造成路基下沉，被发现后，决定停止该区段列车的运营，这样就放弃了原来承担的风险，控制了由于线路状况不良可能产生的事故风险。

二、风险规避适用的情形

风险规避是处理风险的有效办法之一，主要适用于以下情形。

（1）风险规避适用于发生频率高且损失程度比较大的特大风险。

（2）风险规避适用于损失频率虽不大，但是，损失后果严重，并且无法得到补偿的风险。

（3）风险规避适用于采用其他风险管理技术的成本比较高，且超过风险规避成本的情形。

三、风险规避的优缺点

1．风险规避的优点

风险规避可以避免损失的发生。风险规避是一种最彻底的、主动避免风险的方法，可以完全、彻底地消除风险事故造成的经济损失。当风险管理者预期风险事故造成的损失比较大，并且无法转移风险的时候，可以采取风险规避的方式，这无疑是比较明智的选择。

2．风险规避的缺点

（1）风险规避是风险管理单位面对损失的主动放弃，是一种无奈的选择。风险管理单位在规避风险的同时，也放弃了获得经济收益的机会，风险和收益往往是并存的。

（2）风险规避存在着不适用的情形。风险规避不适用的情形主要有以下几个方面。

① 某些风险事故造成的损失是不可避免的，采取风险规避的方法无效。例如，地震、暴风雨等自然灾害给人类造成的损失比较大，这些风险事故的发生是不可避免的，因而，无法采取风险规避的办法。

② 无法规避的风险，不能采取风险规避的办法。例如，未使用可动心轨的铁路线路辙岔的有害空间，车轮通过有害空间时，车轮失去控制，叉心容易受到撞击，甚至进入异线脱轨。所以，由有害空间产生的脱轨事故风险是无法避免的。

③ 风险规避不适用于正在实施的工程。风险规避虽然是消除风险比较有效的办法，但是，对于正在实施的工程来说，则无法采用风险规避的办法。风险规避的技术适用于某项工程的计划阶段，而不适用于工程已经进入实施的阶段。例如，某工程已经投产、开工，就不能采取风险规避的方式，否则，就会造成前期投资的损失。

（3）规避某种风险很可能会产生另一种风险。在风险管理者改变工作状态或者工作方案以规避某一种风险时，就有可能面临另外一种新的风险。例如，在进行车流组织时，组织直达列车虽然可以避免在技术站改编作业所产生的车小时消耗的风险，但组织直达列车会在始发站产生集结车小时消耗的风险。

（4）风险规避可能是不可行的。有些风险暴露，理论上是可以规避的，但实际中是不可行的。风险暴露的范围界定越宽，这种情况就越可能发生。例如，铁路可以通过取消某项计划而规避与此计划有关风险的暴露；但是，如果将风险暴露定义为铁路执行任何计划、拥有任何风险因素而产生的潜在损失暴露，那么显然是不可行的。同样，铁路也可以通过停止任何经营活动而回避与此相关的风险暴露，但在通常情况下，没有任何经营活动的企业是不存在的。

第二节 损失控制

在风险管理中，风险规避具有一定的局限性，即风险规避不适用于正在实施的项目或工程。针对正在施工的项目或工程，风险管理单位可以采取损失控制的技术，以防止风险事故的发生或者抑制损失的扩大。

一、损失控制的概念和特点

损失控制是指风险管理单位有意识地采取措施，防止风险事故的发生，控制和减少风险事故造成的经济和社会损失。采取损失控制技术，通常需要做好以下两个方面的工作。

（1）风险预防。风险事故发生以前，消除引发风险事故的根源，可以减少致损事故发生的概率。

（2）损失抑制。风险事故发生以后，采取事故控制措施，可以减轻损失的程度，抑制损失（见图7－1）。

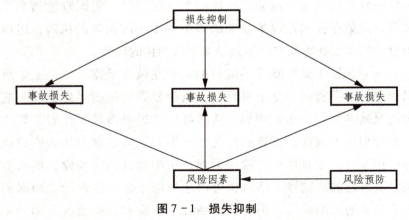

图 7 － 1　损失抑制

从图7－1可以看出，风险预防是针对风险因素采取的积极预防措施，旨在消除引发风险事故的根源；而损失抑制是针对风险事故损失的应急性对策，是风险管理单位采取的临时性措施。但是，在引起风险事故的主要风险因素未找到以前，为减少损失大而采取的有关措施，并不能防止损失的再次发生，损失抑制并不能解决引发风险事故的直接原因。损失控制与风险规避的共同之处是，二者都以处理风险单位为对象，都未采取转移风险的方法。

（1）损失控制是处理风险管理单位不愿放弃与不能转移的风险，是风险管理者主动采取的风险管理技术；风险规避是风险管理者主动放弃或者中止风险。

（2）损失控制的目的是，积极改善风险单位的特性，使风险事故被控制在安全的界限内；而风险规避则是消极地放弃或中止风险。

二、损失控制的类型

依据不同的原则进行划分，损失控制技术可以分成不同的类型。下面分别介绍这几种类型。

（1）按照损失控制的目的划分，可以分为风险预防和损失抑制。风险预防以降低损失发生的概率为目的，防止风险事故的发生；损失抑制以减少损失的程度为目的，防止损失的进一步扩大。例如，列车上的列车运行超速防护系统 ATP 是以减少损失发生的频率为目的，属于风险预防。又如，铁路车站的避难线是事故发生以后以减少损失的程度为目的，属于损失抑制。

（2）按照损失控制的方式划分，可以分为工程物理法、人们的行为法和规章制度法。工程物理法以风险单位的物理性质为风险管理重点，侧重于营造安全的环境。人们的行为法则是以人们的行为控制为风险管理的重点，侧重于操作程序、操作规范和操作技巧的管理，预防或者减少人为因素造成的风险事故。规章制度法是以法律、法规和规章制度为原则，规范政府管理部门、企业和个人的行为，以维护风险事故当事人的合法权益。

（3）按照损失控制的时间划分，可以分为损失前控制、损失时控制和损失后控制。损失前控制的目的是损失预防，损失发生时和损失发生后控制的目的是抑制损失，防止风险事故造成损失的扩大。

三、风险预防

在各种风险管理技术中，风险预防占有极其重要的地位。风险预防是一种行动或安全设备装置，在损失发生前将引发事故的因素或环境进行隔离和控制。如果引发损失的是一系列风险因素链，那么，风险预防就是在损失之前切断这条链。

（一）风险预防的理论

目前，风险预防存在着许多不同的理论，主要的理论有：多米诺骨牌理论、能量释放理论、多因果关系理论。

（二）风险预防的原则

在发现、调查和认知风险源以后，应该根据风险评价结果的轻、重、缓、急，采取相应的措施。对于引发重大风险事故的风险因素要及时处理。一般来说，根据风险事故发生后果的严重程度，可以分别采取以下措施：

（1）事故后果可以忽略，可以不采取风险预防措施。

（2）事故后果比较轻，暂时还不能造成人员伤害和财产损失，应该考虑采取风险预防措施。

（3）事故后果严重，会造成人员伤亡和系统损坏，需要立即采取风险预防的措施。

（3）可以造成灾难性后果的风险事故，必须立即采取措施，排除安全隐患。

（三）风险预防的方法

风险预防的方法是多种多样，而不是单一的。如果风险预防的措施侧重于风险单位的物质因素，则称为工程物理法，例如，机车车辆的安全检查、技术检查等都属于工程物理法；如果风险预防的措施侧重于人员的行为教育，则称为人们行为法，例如，实施职业安全教育等属于人们行为法；如果风险预防侧重于建立规章制度、操作手册、值班条例等，则属于规章制度法。下面分别介绍这几种方法：

1. 工程物理法

根据工程物理法的理论，风险预防所采取的具体措施主要包括以下几个方面。

（1）预防风险因素的产生。例如，保持列车制动系统处于良好状态，以保证其功能不致失控，可以预防制动失灵这一风险因素的产生，从而预防风险事故的发生。

（2）减少已经存在的风险因素。例如，替换已经老化、磨损的车轮，可以减少已经存在的风险因素，达到降低损失的目的。

（3）防止已经存在的风险因素。释放能量或者限制能量释放的速度。例如，限制生产车间易燃、易爆物质的存放量等规定，可以减少发生火灾的风险因素，防止风险因素的能量释放。

（4）改善风险因素的时间和空间分布。例如，将铁路线路以高架的形式进入以及离开城市，可以避免列车与汽车、行人相撞的风险，此即在空间上改善风险。

（5）借助物质障碍隔离风险因素与人、财、物。例如，在铁路沿线设置围栏或全封闭管理，将列车经过时可能产生的风险因素与人、财、物隔离，这样就可以避免列车经过时造成的人员伤亡。

（6）改变风险因素的基本性质。例如，在容易产生静电的绝缘材料中，加入少量抗静电的添加剂，可以增强材料的吸湿性，防止火花的产生，从而起到预防风险事故发生的作用。

（7）增强单位或个人的防护能力。例如，夏季雷雨天，电气化线路的车站，在跨越铁路线路时，应该用木制杆的雨伞，防止遭遇雷击的风险。

（8）防止风险因素的聚集。例如，在密封的空间中，易燃易爆物质达到一定浓度、又有明火进入时，就会产生爆炸，但如果使作业空间通风、降低易燃易爆物质的浓度，就会起到防止风险因素聚集、防止爆炸事故发生的作用。

（9）救护被损害的风险单位。救护被损害的物质、人员等，可以降低风险事故造成的损失。例如，列车脱轨事故发生后及时采取抢救受损物资、救助受伤人员等措施，可以减少风险事故带来的损失。

（10）修理或者复原被损害的风险单位。例如，受伤人员的康复、被损害车辆、设备的维修等，都属于修理或者复原风险单位，修理或者复原风险单位可以减少损失。

2．人们行为法

人们行为法是指以人们的过失行为为风险预防的出发点，通过风险管理知识教育、操作规程培训、安全态度教育来避免人们的不安全行为。人们行为法主要包括以下几个方面。

（1）安全法制教育。为了保证人员和财产免遭损坏，国家制定了一系列法规、法令和标准，进行安全法制教育。例如，为了保障生命、财产的安全，我国颁布了许多适宜于铁路部门执行的劳动安全法律、法规、条例等，要求铁路部门进行安全生产教育。目前，我国与铁路相关的法律法规和规章条例主要有：《中华人民共和国安全生产法》《中华人民共和国铁路法》《铁路运输安全保护条例》《铁路交通事故应急救援和调查处理条例》《铁路技术管理规程》和《铁路交通事故调查处理规则》等。这些法律法规和规章条例从安全管理、安全技术、安全生产等各个方面，对铁路生产进行规范化管理和法律约束，其目的在于提高铁路风险管理意识，防范人们行为过失造成的重大损失。

（2）安全技能教育。安全技能教育主要是指风险管理单位对职工进行三级教育、特种作业安全教育、继续教育、经常性教育，以及各种行之有效的安全教育。通过这些教育，促使人们遵守风险管理行为准则，预防风险事故的发生。

（3）安全态度教育。安全态度教育是风险管理单位对职工风险意识教育的重要方面。加强安全态度教育，可以减少人为风险因素所造成的损失，可以控制运用物理工程法无法预防和控制的风险事故。

3. 规章制度法

规章制度法是指国家、企业制定相应的规章制度，要求风险管理单位在国家规章制度的范围内，进行经济和社会活动，预防风险事故的发生。企业制定的规章制度可以规范劳动者的行为，但同时不得违反国家法律法规。例如，《中华人民共和国铁路法》第四十二条规定："铁路运输企业必须加强对铁路的管理和保护，定期检查、维修铁路运输设施，保证铁路运输设施完好，保障旅客和货物运输安全。"

（四）风险预防方法的综合运用

通常情况下，在实际工作中风险管理者对某一具体风险单位往往采取多种预防风险的办法，即综合运用物理工程法、人们行为法和规章制度法，从而达到预防风险的目的。

四、损失抑制

损失抑制是指在风险事故发生时或发生后，及时采取合理措施，缩小损失发生的范围或降低损失的程度。一般情况下，损失抑制是在损失程度比较大，而且无法进行风险转移或者风险规避的情况下才运用的。例如，发生火灾后，使用消防设备灭火，救护被损害的财产、人员等，可以起到损失抑制的作用。又如，汽车制造商在生产的车辆上安装安全气囊，这是损失抑制的重要设施。安全气囊不能阻止交通事故的发生，但是，如果事故发生了，安全气囊能够减轻驾驶员受到的伤害。在事故发生前或者发生后采取相应的损失抑制，以降低损失程度，如图7-2所示。

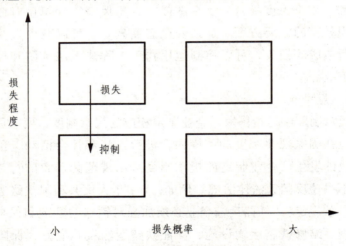

图7-2 损失抑制对潜在损失的影响

损失抑制的方式是多种多样的，下面主要介绍分散风险单位和备份风险单位这两种损失抑制的方式。

1. 分散风险单位

分散风险单位是指将风险单位划分成若干个数量少、体积小而且价值低的独立单位，分散在不同的空间，以减少风险事故的损失程度。分散风险单位的目的是减少任何一次损失的发生所造成的最大可能损失。

2．备份风险单位

备份风险单位是指再准备一份风险单位所需的零部件或者设备。当原有的零部件或者设备不能正常使用时，备份风险单位可以代替原有设备发挥作用。使用备用的零部件或者设备，有助于降低损失的程度。

3．分散风险单位和备份风险单位的关系

分散风险单位和备份风险单位的联系主要有以下几个方面。

（1）分散风险单位和备份风险单位都是针对风险事故发生的结果采取相应的措施，都是损失抑制的措施。

（2）分散风险单位和备份风险单位都可以降低损失的程度。

分散风险单位和备份风险单位的区别主要有以下三个方面。

（1）分散风险单位采取的是分离风险单位的措施，而备份风险单位采取的是复制风险单位的措施。一般情况下，分散风险单位的目的在于使原有的风险单位变小，减少损失的程度；而备份风险单位则没有使原有的风险单位变小，而是重置风险单位，在风险事故发生时，使用备份的风险单位，达到抑制损失的目的。

（2）分散风险单位降低了一次风险事故的损失程度，同时却增加了风险单位的数量，提高了风险事故发生的概率。

（3）一般情况下，分散风险单位是通过减少直接损失来降低损失的程度，而备份风险单位一般是在原有设备或者零件发生直接损失的情况下，通过减少或者消除间接损失来降低损失程度。

第八章 铁路安全风险管理

第一节 铁路开展风险管理的目的与意义

铁路作为服务性行业，一旦发生故障或事故，影响较大（如"7·23"甬温线事故），所以我国铁路安全一直被铁路部门高度重视。铁路安全涉及规章制度、固定设备、列车、调度指挥、人员素质、治安环境、灾害防范等诸多要素，每一个要素都决定着铁路安全的成败。传统的安全管理一般都缺乏通盘规划，也没有整合铁路网的长远发展战略，当问题出现时，往往只能做事后补救工作，反应较为被动，经常是当意外发生和汲取教训后再寻求改善及控制方法，而类似事件都会成为社会大众的关注点。

铁路系统作为复杂的巨系统，特别是高速铁路的出现，从技术上来说，融合了一系列高新技术，涵盖多学科、多专业，包括众多子系统；从管理上来说，具有投资大、周期长、风险大、参与方多等特点，包括质量、成本、进度、组织、安全、信息、环境、风险、沟通等诸多管理内容，涉及政治、经济、社会等多个层面。铁路系统内部之间，系统与外部之间相互联系、相互制约，关系错综复杂，如果不从整体上系统把握，将难以达到预期目标。

随着社会进步，社会各界对铁路安全的要求亦越来越高，铁路运营部门如何妥善控制运营安全风险备受关注，政府监管部门亦要求运营部门强化安全风险管理，做好安全生产工作，再加上运营成本的不断上升，要保持铁路系统的可靠性，提高生产效率，同时改善安全风险控制，是现阶段铁路运营部门必须面对的挑战。

第二节　国外铁路安全管理模式

国外普遍具有把安全管理置于大的经济环境中去探索，以整体管理体制为背景去研究，倾向于战略性研究的特点，主要采用系统的安全管理模式。在安全管理的思想上，突出了整体安全、系统安全的概念，将涉及行车安全的人、设备、环境等因素实现系统地管理与调度；在管理方式上，加大了安全法规的建设力度，实现法制化管理；在手段上开发了大量先进的行车安全监测设备，并通过计算机网络技术、通信技术实现了运输安全信息的远程集中管理和科学分析。具有代表性的研究探索成果主要是以下三种安全管理模式。

以德国为代表的一些欧洲国家采取的是"专业化安全管理模式"。它们把探索安全管理与治本途径问题一并考虑，用经营管理体制创新为安全管理升级拓展空间，以安全管理的不断深化增强企业的市场竞争能力，努力达到两者的协调互促、良性循环。推行了以"机务、车辆、工务、电务等路网系统分开管理"，使安全管理更加突出重点，技术管理更加专业化，管理范畴更加合理化，安全生产得到了根本性的改善。

日本靠技术装备升级而建立的"高技术型安全管理模式"，直接采用世界上最先进的技术装备，在全国大力发展标准轨、高技术、高速度、高安全的轨道交通决策。采用了先进的机车、车辆、轨道、信号等技术装备，为保证高速列车的运行安全，同步装备了先进的以"轨道电路的数字列车自动控制"方式、无线电控制的 CARAT 等方式为主的"新型运输安全系统"，以及调车作业"装置化"的"编组站自动化系统"。为在既有线上"提速"而采用的"摆式列车"技术，同样有效地防止了因列车通过曲线和道岔超速而所引发的颠覆事故。这一系列高新技术的采用，极大地消除了人为的安全隐患。

美国采取的是"集中化安全管理模式"，使安全管理环境特点相近的线路集中起来，既有利于抓住安全管理的主要矛盾，又有利于发挥规模优势，通过加大投入来进行保证安全的技术装备的换代升级。

第三节　我国铁路风险管理模式与体系

国内相关问题研究探索，主要体现在铁路部门和学术领域内，基本上都是些单项和观点性的，尚未形成理论或实际模式。铁路部门的探索具有重现实、重战术的特点；学术领域的研究具有重理论、重战略的特点。归纳起来，具有代表性和影响力的主要有以下观点。

铁路部门的主要观点是"安全管理的主体就是落实安全生产责任制"，这种观点长期以来一直是中国铁路安全管理的主导观点。它主张"通过大力度地奖惩来引导各级管理干部落实安全生产逐级负责制，靠强化各级干部的作用保安全"。在这根指挥棒的指引下，铁路部门有关铁路运输安全管理的探索基本被圈定在"如何深入落实安全生产责任制"的空间内。

我国学术领域的观点主要是借鉴上述三种国外铁路的安全管理

模式的特点，在考虑中国国情和路情的前提下，提出了相应的"德国模式""日本模式"等。

对于投资巨大、系统复杂、影响深远的铁路项目来说，引入系统的风险管理机制非常必要，这已成为我国铁路建设及运营中的一个不可缺少的重要因素。铁路部门要不断总结经验，通过实践逐步摸索风险管理的规律性，借鉴先进的管理理论，分析存在的安全问题，建立有效的安全风险管理模式，不断提高运营安全管理水平和设备可靠性。完善的安全管理模式如图 8-1 所示。

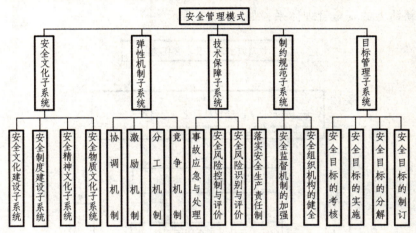

图 8-1　完善的安全管理模式示意图

铁路管理部门应坚持依靠科技进步，向世界上最先进的运营商看齐，及时跟踪国内同行业安全管理的最新发展动态，运用现代安全生产管理的方法；应注重从事后查处的被动型管理向事前预防的主动型管理转变，从经验型管理向技术型、专业规范化管理转变，以不断提高运营安全管理水平。

构建新的安全管理模式，应该借鉴国际上铁路经验，以顺应市场为导向，以安全管理、经营管理统筹优化为目标；应该遵循"战略构成"理论和"流程再造"理论，以环境、模式、组织的统一为指导，对各生产要素重新进行集中整合配置，对组织结构和运行系统进行再造，推行经营管理的专业化。

发展新的安全管理模式，应该借鉴国际上铁路发展经验，实施基础设施和技术装备的跨越式升级，依靠科技保安全；全面改造管理机制，加大激励约束力度，追求设备质量和人员操作的"零缺陷"；应该以现代管理思想、理论和科技以及国外成功经验为指导，建立起满足市场化、专业化、现代化、信息化的新型管理模式，形成管理统一高效、激励约束有力、运转自如顺畅、富有创新活力的安全管理体系，如图8-2所示。

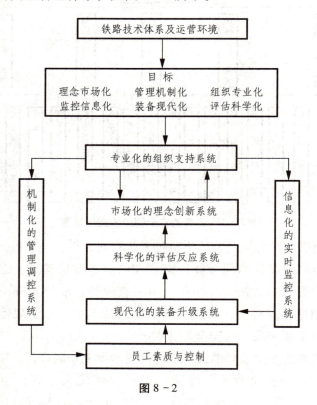

图8-2

第四节　闭环风险管理过程

　　闭环管理是现代企业普遍遵循的一种管理模式。其基本原理是运用系统论的观点和方法，按照时间和工作顺序，通过引入过程反馈机制，实现整个管理链条的闭环衔接，其中 PDCA 是闭环管理的一个较好的工具。PDCA 四个英文字母分别代表 Plan（计划）、Do（实施）、Check（检查）和 Action（处理）。按照安全生产过程，制订风险管理目标和管理方案，通过 PDCA 过程，完成制订的风险管理目标，再制订新的、更高的风险管理目标及管理方案，这样，风险管理水平将不断提高。图 8-3 所示为 PDCA 循环过程。

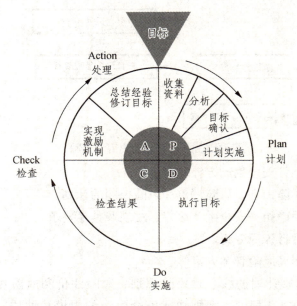

图 8-3　PDCA 循环过程

一、计划（Plan）

风险管理计划的目的是对如何确保安全生产做出明确规划。风险管理计划的内容和过程如图 8 - 4 所示，主要内容包括：

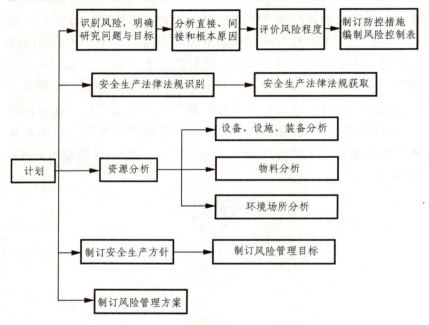

图 8 - 4　风险管理的内容和过程

（1）制订安全生产方针和目标。

（2）风险识别、风险评价和风险控制的计划。

（3）明确相关安全生产法律、法规及其他要求。

（4）进行资源分析。

（5）制订风险管理方案等。

风险管理计划的核心是风险识别、风险评价和风险控制的计划。它们的复杂程度主要取决于安全生产的规模和性质、作业场所的状况、风险的复杂性和大小等因素。在进行风险识别、评价和控制的过程时，要充分考虑其风险控制现状，尤其是高铁、客车、高风险环节和关键岗位的控制现状，以满足实际的安全生产法律、法规要求和生产方针；同时结合事故故障、监测检测、维修检查、日常安全检查等信息，采取定量、定性、专家研讨等方法，分专业、分层次排查识别安全风险。针对识别出的风险，铁路部门各专业部门以及铁路局、站段、车间和每个岗位都要建立安全风险控制表，重点包括风险名称、控制措施、责任分工等内容。控制表要删繁就简、简明扼要、便于操作，并广泛征求专业管理干部和生产一线职工意见。

二、实施（Do）

实施是按照风险管理计划行动的过程，开发实现安全生产方针和管理目标所需的能力和支持机制，确保风险管理方案的有效实施。实施的内容和过程如图 8 - 5 所示，主要包括：

（1）风险管理相关机构及其职责。

（2）为了提高员工的安全生产意识和能力所实施的安全生产培训。

（3）风险管理相关人员的沟通与交流。

（4）风险管理相关过程、相关文件、相关资料及其管理与控制。

（5）风险管理方案的实施与安全生产过程控制。

（6）制订应急预案与应急救援响应。

三、检查（Check）

对风险管理情况进行经常性地和定期地监督、测量和评价，当发现安全生产活动偏离安全生产方针、目标时及时纠正，防止类似情况再次发生。检查的主要内容包括：

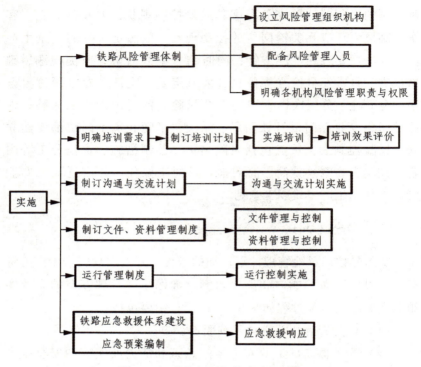

图 8-5　实施与运行的内容和过程

（1）对风险管理工作进度、成果和问题进行测量和监测。

（2）制订、实施针对风险管理过程中事故、事件、不符合的纠正与预防措施，评价这些措施的后果。

（3）加强风险管理记录的管理，确保记录的可靠、安全，使它们能够证明风险管理过程。

四、处理（Action）

通过定期或不定期地检查安全生产方针的贯彻、目标和指标的实现、重大风险的控制、员工安全生产意识与技能的提高、自我完善机制的建立等情况，明确安全生产方针和目标是否适应、风险管理需要的资源是否充分以及风险管理计划是否有效并得到实施，将成功的部分保留下来予以发扬，形成后续安全生产活动的准则；将出现的事故、时间和不符合予以改正，减少或控制危险有害因素，降低事故风险，减少事故损失，全面提高安全生产管理水平。

参考文献

[1] 陈士俊. 安全心理学 [M]. 天津：天津大学出版社，1999.

[2] 符文琛. 劳动安全与心理 [M]. 北京：中国标准出版社，1995.

[3] 朱祖祥. 工程心理学 [M]. 上海：华东师范大学出版社，1990.

[4] 孙华山. 安全生产风险管理 [M]. 北京：化学工业出版社，2006.

[5] 刘钧. 风险管理分析理论与方法 [M]. 北京：北京大学出版社，2011.

[6] 魏玉光. 铁路安全风险管理普及读本 [M]. 北京：中国铁道出版社，2012.